開始玩戲劇 4-11歲

兒童戲劇課程教師手冊

Beginning Drama 4-11

Joe Winston & Miles Tandy 著

陳韻文、張鐙尹 譯

Beginning Drama 4-11

SECOND EDITION

Joe Winston & Miles Tandy

目錄

作者簡介

Joe Winston

任教於英國華威大學教育學院戲劇與劇場教育研究所

Miles Tandy

於英國華威郡教育部門擔任教師顧問

譯者簡介

陳韻文（全書校註、前言、第二章、第五章、第七章、附錄二）

國立台灣大學外國語文學系學士（人類學輔系）

國立台灣大學戲劇研究所碩士

英國華威大學戲劇教育暨文化研究所博士

目前擔任國防大學應用藝術系專任助理教授、台北藝術大學藝術與人文教育研究所兼任教職，致力於戲劇教育理論方法之譯介、研究與發表，戲劇教育的教材開發與教學。

張鐙尹（第一章、第三章、第四章、第六章、附錄一和附錄三）

實踐大學生活應用科學系學士

英國華威大學戲劇與劇場教育學系碩士

自 1998 年開始與幼兒共享戲劇教育帶來的喜悅，目前擔任中國寧波市北侖里仁童苑執行長，每週仍進行六至八堂幼兒戲劇教育課程。

推薦序

> 在遊戲著的行為中，所有那些規定那個活動著的和憂煩著的此在的目的的關係並不是簡單的消失不見，而是以一種獨特的方式被攙合。……遊戲的原本意義乃是一種被動式而含有主動性的意義（高達美，1999）。

高達美對遊戲有著這樣的描述，儘管遊戲對遊戲者而言，並非是具有嚴肅性的，但遊戲活動實實在在具有一種獨特的嚴肅特質，這種特質正是在戲劇遊戲中，滿足了人的自我完成性的需求。

戲劇教學模式所創造的遊戲框架，正是運用著兼具主動與被動辯證關係，令參與者（教師與學生）在此架構中，共同參戲，經歷遊戲中的焦慮與成就的喜悅，而師生共同參與此遊戲架構，以角色扮演的模式進行戲劇遊戲，共同面對戲劇情境中所呈現的困境，達到遊戲中參與者的「投契」（馮朝霖，2006）境地，對於兒童來說，當參與過程中達到渾然忘我時，遊戲、工作與學習之間是同一件事，它開展了人類學習的「自我完成性」（馮朝霖，2006）。

解放的教室，批判思考的對話，創作的心靈，戲劇教師細膩的引導學生編織一幅生活、知識與想像交織的圖景，這過程是創作的，是美的。每當我帶領學生以戲劇教學模式完成一篇篇教案，一份份專題，我總可以體會到師生在教學中共同成長的喜悅，那是一種經歷思考、焦慮、等待、創意、想像，當完成時我們一如完成藝術創作的狂喜，因為我們在教與學中滿足了自我的完成。如果說老師是藝術家，我想這就是吧！

《開始玩戲劇 4-11 歲：兒童戲劇課程教師手冊》原名為 *Beginning Drama 4-11*，這本書我是在 2001 年於英國伯明罕買的，這是本實作性高的好書，書中仔細陳述戲劇教師如何細膩教學的樣態，讓我或從中學習許多。之後，我的學生張鐙尹，負笈英國華威大學攻讀戲劇教育，告訴我 Joe Winston 是她的老師，她當時求知的熱情溢於言表，我至今仍深深記得她那對興奮的眼睛閃閃發亮。有一天，她告訴我她要翻譯這本書，又有一天，她告訴我她口中常唸著的「韻文學姐」將要和她一起翻譯這本書。

現在這本書譯稿終於完成。鐙尹也已在寧波北侖里仁童苑擔任執行長的工作，並將里仁童苑建立為當地唯一具幼兒戲劇教學特色的幼兒園，成為台商與當地居民將子女放心托付的所在，相當成功；韻文則任教於國防大學應用藝術系，現在是專任助理教授，陳韻文教授是國內戲劇教育界中生代學者，治學嚴謹，在國內相關期刊裡，常可見其論述，並在戲劇教學的師培教育中作育英才。我有幸為她們為文作序，深感榮耀，拜讀《開始玩戲劇 4-11 歲：兒童戲劇課程教師手冊》這本譯稿，流暢精確，定可幫助有心在教室中使用戲劇的老師與同好們。祝福這本書的出版，一路成功。

中華民國戲劇教育協會理事長

鄭黛瓊　謹誌

於台北

譯者序

自 1998 年由鄭黛瓊老師帶領我走入戲劇教育之門後，我從未忘記戲劇教育的魅力並時常身體力行應用之。因此 2001 年春，我決定前往英國華威大學戲劇與劇場教育學系向 Jonothan Neelands 教授以及 Joe Winston 教授學習。

Joe Winston 教授在課堂上風趣、生動、豐富的教學，讓我從未缺課，並且教授一步步引導我們，讓我們看到戲劇教學中，從未想過的可能性，再加上同學們的互相支持與鼓勵，我們彼此也創造了生動的表演作品，一直到現在，我依然非常想念那段學習過程！！

當時，由於英語能力的限制，我學習得比較辛苦。因此，希望藉由這樣的機緣，在獲得 Joe Winston 教授與心理出版社林總編輯的支持之後，與韻文學姊一同將 Joe Winston 教授的這本 *Beginning Drama 4-11* 翻譯出來，希望能讓更多對戲劇教育有興趣的朋友們，多一個吸收知識的機會。

在此，我也希望對於「翻譯過程中因為我本身能力與時間有限，造成對學姊以及心理出版社造成的困擾」，致上誠摯的歉意，也特別感謝 Joe Winston 教授的耐心，爸爸、媽媽、妹妹、黛瓊老師、好友 Carrie、Ho-Soon 以及 Rachel 老師的鼓勵、韻文學姊以及好友張麗娟的協助校稿。Thank you very much！！

我會在戲劇教育的路上繼續努力，也希望有更多懂得運用戲劇教

育的朋友，享受它帶給孩子們的快樂與成就感！！這本書終於要出版了！！OH～YA～

張鐙尹　謹識

2008 年 7 月

於寧波北侖里仁童苑

前言

問一群小學老師或者師院學生，「戲劇」這個字會讓他們聯想到什麼，很可能得到五花八門的答案。許多人用像是角色扮演、即興、聽與說、想像、創意、自我表達等字眼來回答；部分的人（但也只有部分的人）會提及表演、演戲、劇本；一些人覺得有趣，還有關鍵的少數則答稱尷尬、害怕，甚至恐怖。倘若再進一步追問，我們會發現這些焦慮可能與他們童年不愉快的戲劇經驗有關，或者源於現在身為教師或未來擔任教職的焦慮——它們通常環繞著班級經營的議題，和擔心自己缺乏戲劇要求的外向特質和個人魅力；同時，它們也可能反映了一種更深沉的疑慮，即茫然於戲劇在小學中該當如何，或課程究竟需要包含哪些內容。

相對地，許多在學校沒有接觸過戲劇或僅有一點點戲劇經驗，但從日常生活經驗中習得「戲劇」這個詞彙的孩子，相當清楚戲劇是關於劇本和演戲的，與電視和電影有關，並且述說故事。這兩種答案之間的差異很值得我們探討，因為孩子的答案反映出社會一般大眾對戲劇的文化理解，但教師的答案卻表明了戲劇在學校已經意味著相當不同的事，有著特別的語彙和意義框架[1]。這本書開始於這樣的一個假設：上述對生活戲劇和學校戲劇做區分是不必要且毫無益處的，因為

[1] 譯註：英國戲劇教育界在發展的過程中，一度脫離劇場傳統，自成一格，和劇場美學區隔開來，致使學校教師對戲劇有著與社會大眾不同的想像。詳見陳韻文〈英國教育戲劇的發展脈絡〉，《戲劇學刊》第三期，2006/1，頁 39-62。

它對教師隱藏了一個事實，即教師和孩子們對戲劇的了解，通常比他們自以為的還要更多。

今天戲劇活動如此蓬勃，在西方社會可謂前所未見。劇場界可能仍勉力為之，但只要翻閱電視節目表，就能發現不同類型的戲劇充斥了各個頻道。肥皂劇、醫院劇、歷史劇、恐怖片、警匪片、情境喜劇和科幻片，都是電視台用以吸引數百萬觀眾收看的主力節目；也就是說，不論是就電視、影片出租業或戲院而言，影片都具有廣大的市場。此外，新聞節目和紀錄片通常通過戲劇形式來呈現訊息，廣告也運用極具說服力的情境喜劇，將整套的生活方式販賣給我們。固然我們每個人的品味和偏好不盡相同，選擇收看的節目也不一樣，但幾乎毋庸置疑的是，今天不論是成人還是兒童，多數人所接收到的故事大多是以戲劇的形式來呈現的。

而之所以會有這麼多教師覺得他們不懂戲劇，或覺得他們所知的戲劇僅是片面、雜亂的，在於戲劇對他們而言僅可意會但未能言傳；換言之，他們已經獲得了這方面的知識，但卻尚未學會如何表達。然而，多數解釋教育性戲劇的語彙對改善這種情形根本起不了什麼作用——在相關論述中，甚少見到諸如表演、演員、場景、對話和觀眾的字眼，取而代之的是角色扮演、即興、坐針氈、教師入戲和靜像畫面等詞彙。像這樣從一種論述框架跳躍至另一種，本來就可能造成非專業人士或戲劇新手教師的混淆，因為這麼做無法幫助他們將生活中的戲劇與學校中的戲劇教學建立聯結。儘管在教育性戲劇領域確有建立專業術語的需求，卻不必因此排拒那些在更廣泛文化情境中被用來描述戲劇經驗的語彙和概念；肯定二者之間的關聯，將有助於缺乏經驗的教師們踏出第一步並獲得自信，讓戲劇成為課程的一部分。

所以，就更廣泛的文化意義而言，戲劇究竟有哪些根本的原理呢？它們又能夠如何啟發初等教育階段的戲劇教學呢？

一、戲劇是鬧著玩的

在《黑爵士》（*Blackadder*）[2]的某一集中，攝政王的男管家愛德蒙為了必須護駕喬治王子去劇院而感到頭疼不已。喬治似乎認為在舞台上發生的事都是真的。一個星期前，他們去看《凱撒大帝》（*Julius Caesar*），就在凱撒大帝要被刺殺時，喬治王子大叫：「凱撒大帝，留心你的背後！」接著，我們看到當夜稍晚，喬治王子要求逮捕在舞台上「行兇」的那名演員。在愛德蒙費盡唇舌、再三解釋那不過一齣戲後（由被刺的演員隨後起身並等候喬治王子的鼓掌可證），一個**真正的**革命恐怖分子突然跳上舞台，將一枚**真的**炸彈丟到了喬治王子的膝蓋，而喬治王子為這個激動人心的戲劇新轉折喝采。愛德蒙從王室包廂的後頭喊著：「殿下，這已經不再是演戲了。快把炸彈丟掉，離開劇院吧！」正當喬治王子對愛德蒙竟不懂「這不過是演戲罷了」感到不以為然時，炸彈在他面前炸了開來。

在戲劇中發生的事是不用當真的。有人生氣但沒有人是真正生氣；有人死亡但沒有人是真正死亡。上述片段的趣味之處，在於我們一向把戲劇的虛構性視為理所當然，以至於當我們發現竟然有人無法區分戲劇和真實時，覺得那實在是可笑極了。在我們還很小的時候，就已

---

2 譯註：《黑爵士》是英國頗受歡迎的電視影集，以挖苦幽默的方式對英國自中世紀的理查三世至 1917 年第一次世界大戰期間的歷史冷嘲熱諷或借題發揮。

經學會分辨遊戲的規範和生活的常規了；對年幼的孩子們而言，探索二者之間的界限乃是一大樂事。當孩子們漸漸長大，這種與生俱來的戲感仍一直持續著，我們可以在托兒所或幼兒室的一隅觀察到孩子們的想像行為。如一個四歲的男孩可能將一些椅子排成一列，說這是他的公車，然後由他扮演公車司機，其他孩子扮演乘客，司機將乘客一路載往倫敦——實際上卻沒有移動任何椅子。像這種自發性的扮演遊戲受到文化環境的塑造之後，會發展成一些體育性或其他的文化活動，當中，各種形式的戲劇可能是最普遍且最值得注意的。當然，戲劇和遊戲並非同一件事；但基於孩子們對遊戲的固有理解力，以及孩子們從參與遊戲而習得的同理心，才有可能發展出戲劇性的活動。

二、戲劇運用故事探索人類重要性的議題

如果說人類本來就愛鬧著玩，那從思考與傳遞經驗的方式看來，人類還是不折不扣的說書人。我們以故事的形式分享日常的生活經驗，我們藉著編織故事為他人的行為提出解釋，從而理解那些行為的意義。人們從史前時期就已經開始創造和流傳虛構的故事，而這種習性迄今猶存，可普遍見於笑話、漫畫和小說。戲劇是一種文化活動，它將人類愛玩、愛說故事的傾向結合在一起。遊戲可能是好玩的，故事可能是有趣的，但我們不能因此推論這兩種活動是毫無價值的。遊戲的對立面並不是工作，故事的對立面也並非事實。相反地，透過虛構而產生的距離，我們可以更安全地仔細思考一些對我們日常生活至關重要的議題。

三、在戲劇中，時間、地點和身分的一般規範被暫時擱置

戲劇的時間是彈性的。一齣戲劇可能實際長一個小時，但在戲劇世界中卻過了數月之久。我們日常的生活著眼於當下，戲劇卻可以躍進過去或未來的時間，及許多不同的地方，其中有一些可能在真實世界中根本不存在。在這些地方和時間中，演員扮演不同的身分，假裝成他人，而這些行為在其他演員或觀眾的見證下完成。戲劇的空間本身需要被清楚界定，使之與現實世界區隔開來，標誌出在哪個區域中時間、地點和身分將發生改變。電影和電視螢幕便構成了這樣的一個空間，固定而且永久，在那兒戲劇隨時可能上演。在現場表演的戲劇中，這個空間可能同樣固定，如劇場中的舞台。在托兒所或幼兒教室，這樣一個永久的空間可能在一個妥善規劃、富於資源的想像遊戲區或扮家家酒區發現。

前面提到男孩和他的想像公車就是個值得進一步深究的有趣例子，它說明了孩子如何透過遊戲習得掌握戲劇的核心元素。首先，男孩藉由建構一台想像的公車，將遊戲空間挪用並且轉化為一個戲劇的空間，在這個空間的物品因此能夠被賦予象徵的價值；換言之，就像男孩可以改變他自己的身分成為公車司機一樣，椅子可以代表有別於日常功用的其他東西。男孩非常稱職地扮演公車司機這個角色——操縱方向盤、停下巴士、索取車資，而當車子故障時，他還會鑽到椅子下俯身修理。他的扮演具有內容，即關於他身為公車司機的經驗，而當這樣的內容發展時，真實的時間也暫時中止了。男孩任憑車子故障，仍然

一路開往倫敦，且在數分鐘後返回公車站。

因為戲劇的時間僅是暫時的，戲劇的空間亦毋須永久。比方說，在街頭劇場，這樣的空間可以僅是鬧區人行道中央的一處地方。然而，這種情況也需要特別費心示意那些被吸引過來的群眾，這個**公共**的空間已經暫時變成**戲劇**的空間了。對多數小學生而言，戲劇發生在一個類似的公共共享空間，即學校禮堂。倘若教師希望孩子能投注時間和心力，共同創造有價值的戲劇經驗，便需要發展一套可以示意空間轉變的策略，讓戲劇得以發生。

四、戲劇是一種社交活動和一種集體的藝術形式

一個常見的錯誤是認為劇作家是一齣戲劇的唯一創作者，預設必然有劇本的存在。事實上，不管是就創作還是欣賞而言，戲劇都是一種集體的經驗，由一群人形塑、分享和觀看。劇本只有在被演出時才會成為戲劇。在編劇之外，還有導演、布景設計師、燈光工程師和表演者，表演者可能包含了樂師和演員。在電影或電視劇中的長串工作名單便是戲劇仰賴群體合作的證明。觀眾在本質上也是集體的——即使我一個人在客廳裡看著電視劇，我知道有許多鄰居或朋友也在收看同一節目，待會兒可以和他們討論。

相同地，學校戲劇是一個社交與集體的經驗，但它在形式上較多數劇場形式還更富彈性、更具參與性。它並未嚴格定義創作者的角色，因此孩子可以同時身兼編劇、導演和演員數職，構思情節（但可能未寫成劇本），而且只演出一次。教師也是這個經驗中的一分子，可以因應實際需求擔任特定的職務，鼓勵孩子在構思情節和觀賞戲劇時主

動分享。正如演員和導演的角色可能模糊而同時存於一個孩子身上，在一堂課中，孩子們也可以多次輪替，有時擔任演員，有時當觀眾。

五、戲劇受到規則和慣例的規範

要使戲劇的集體經驗得以發生，個人必須先同意接受戲劇的約束。以電視劇為例，我必須在對的時間打開電視、坐下，並且做到不被打擾。而多數現場演出的戲劇節目，我必須買票進劇院，服從許多讓戲能夠順利開演的劇場規範。在大部分的劇場中，我必須一直坐著並保持安靜，才不會干擾到表演者或其他觀眾。如此一來，我既尊重戲劇，也尊重了我所屬團體的看戲意圖。而這絕對不是一種被動的經驗。我必須觀看、聆聽、專注，開放自我以接受戲所傳達的概念和情感，否則它將對我不具任何意義。本質上，我同意**主動地參與**，而某些形式的戲劇則要求更積極的參與——例如，默劇要求聲音的參與，漫步劇場[3]要求在空間中移動以跟上戲劇動作。

所有的社交活動都需要規範來引導，這些規範可以清楚訂定，就像教室公約，也可能並未言明，但參與者都默默遵守並且了然於心。為使校園戲劇得以順利進行，教師和學生必須清楚這些規範的實際內容，而且願意遵守。這樣的規範並不是限制性或壓迫性的，它們提供了讓團體可以追求共同目標的框架，任何違規的行為都會瓦解這些目標而被指正。校園戲劇要求學生許多不同的行為模式，從高能量的活

---

[3] 譯註：原文 promenade theatre；在這種劇場中，沒有正式的舞台，演員與觀眾被安置於相同的空間。表演進行當中，演員會刺激觀眾移動位置。

動，到說、靜止和專注的沉默，每一項適應著不同的任務需求。戲劇活動的成功有賴於孩子們知道他們被期待做什麼，同時他們也喜歡在表現良好時的成就感，而這成就感來自於在戲劇事件中真誠參與的經驗。

六、戲劇不應當是無趣的

談到戲劇，無趣是最要不得的，而戲劇的結構以及戲劇的主題對於維繫觀眾和參與者的注意力同樣重要。戲劇通常包含了一連串的場景，在這些場景中，故事展開，人際關係改變，而問題被探索。假如戲劇缺乏節奏或情感強度的變化，少了緊張或懸疑，在場和場之間沒有對比，那我們很容易感到無趣，就像我們覺得角色和他們的想法了無趣味。相同地，在校園戲劇中，倘若主題不適當，要求孩子們坐在地板上太久，說太多的話以致犧牲了其他的活動，或任務的順序不連貫且缺乏焦點，那麼孩子的興致很快就會消退，而這個經驗也將導致孩子們無法投入戲劇活動之中。當教師設計戲劇課程時，只要記得好的教師和好的戲劇家循著同樣的法則工作，就能勝任愉快。正如編劇和導演組織材料以使觀眾的參與多樣化且深入，教師為班級組織課程內容時應朝著同樣的方向來努力。

上述這些原理相當重要，我們在探索不同的課堂案例時，這些主題會一再浮現並受到討論；但它們並未言全，當課堂案例涉及戲劇的其他面向時，同樣會被強調和討論。以下章節想提供您和您的學生一些概括性、入門的戲劇活動。課程與活動的順序應詳盡說明了書中所述活動與戲劇文化慣例，以及戲劇課程整體之間的關聯性。本書的結構和編排旨在幫助您發展自信和專業，讓您和學生能夠結合您對戲劇的了解，運用戲劇元素，創造出符合小學課程要求、富有意義和教育性的經驗。

在**第一章**，我們探討戲劇和遊戲的關係，提供您一些在戲劇課中適用於不同年齡層、不同目標的遊戲範例。本章最後羅列一些幫助您組織和控制遊戲的策略，大體而言，它們都可以用來管理戲劇活動。

第二章詳細描述許多您可以用來計畫以故事起始戲劇課程的活動。正如前一章，我們提供一些方法幫助您集中和管理這些活動，變化它們以適應不同團體和年齡層的教育需求。本章最後將提供一些與設計戲劇課程有關的簡單建議。

在**第三章**，我們轉而關注幼年時期的戲劇。我們提出一個計畫架構，鼓勵您充分運用扮家家酒區來刺激戲劇活動。接著，我們帶您循序檢視一堂幼兒戲劇課程，詳細解釋指導該堂課架構和管理學習歷程的原理和策略。

第四章提供許多您規劃戲劇於跨課程主題活動的範例，同時提示了相關規劃的框架。本章最後將仔細檢視一個特別的教學技巧，即提問的技巧，並提供您何時以及如何在戲劇課堂中提出某些類型問題的建議。

第五章檢視戲劇和語文之間的關聯，特別參照施行於英格蘭小學的國定語文政策（National Literacy Strategy）[4]。

第六章我們專注在小學戲劇課程的表演場所，說明它對於建構群

---

[4] 譯註：就課程和學歷資格而言，英國存在兩種不同的教育體制。本書述及的國定課程只適用於英格蘭和威爾士，蘇格蘭和北愛爾蘭自主其事，不受此限。

體和肯定群性的重要性，並仔細描述兩個表演計畫，一個是為六年級學生設計的，另一個則是為二年級學生設計的。

我們將在**第七章**為本書畫下句點。本章會談及小學階段的戲劇該如何發展、連貫和評量等棘手議題。我們試著提出一個既有彈性又首尾連貫的框架，使您能夠因應特定的狀況來調整。這一章最後會提示您如何讓在小學中評量、記錄、發表戲劇成為一件既能受教師掌控、亦能使學生受益的美事。

第一章

以遊戲開始戲劇

目前已經有許多出版品陸續宣傳將遊戲運用在教育的好處，並且也指出有哪些遊戲是如何幫助孩子培養群體意識、鼓勵社會化行為，或增加聽與說的口語表達能力。許多了解遊戲教育價值的老師，將省思性的遊戲帶入團體時間，而體能性的遊戲則帶入戲劇課或體育課程中。當遊戲的教育效力已毋庸置疑時，一些戲劇專家卻開始擔心，遊戲變得和戲劇課程過於相似而難以辨識。因為遊戲對教師而言較容易準備和組織，兒童又很快就能樂在其中，極有可能取代戲劇在課程的位置。再者，遊戲也可能暗示性地將戲劇定位於個人教育和社會教育，忽略戲劇的本質乃是一種藝術形式，也忽略戲劇有可能引發更「紮實」的學習成果，對其他課程領域帶來貢獻。

然而，在戲劇與遊戲之間，確實存在很密切的關聯性，就像它們之間也存有明顯差異一般。但是，因為這些關聯性通常都是推論而來，並未經過充分的解釋說明，有時候教師們對其關聯性仍不甚了解。因此，在本章一開始，將試著釐清遊戲和戲劇之間的關聯性，並且說明遊戲可以如何有助於達成戲劇教學的一些目標和意圖。接著會舉例描述一些經過試驗和分析的遊戲，及如何讓遊戲多樣化，並循序漸進、提高遊戲挑戰性的方法。本章結尾將針對學生和經驗不足的教學新手，提示關於組織遊戲、管理遊戲的策略。

遊戲與戲劇的關聯

在前言中已經說明，通過想像性的遊戲，孩子們其實正在嘗試和學習如何運用戲劇的核心要素，也就是時間、空間、人物、行為、物件、主題。身為一位教師，您已在每日的教學中嫻熟於運用這些要素，似乎也理當能夠順利地在戲劇活動中運用這些要素。不同的是，在戲劇活動中，教師必須先暫時**擱置**這些要素的一般運用模式，設法讓它們從日常生活中的涵義，轉化為更好玩、更**戲劇化**的意涵。最簡單、最直接的方法，就是透過「遊戲」。

遊戲和戲劇有直接關聯，主要是因為：

- 遊戲和戲劇都建立在人類愛玩的潛質上，並且都暫時擱置了正常的時間、空間、身分與行為。
- 空間、時間、人物與行為在遊戲與戲劇中都有象徵性的意義，而我們之所以能夠參與這些活動，是靠著我們可以閱讀並了解這些象徵性的符號。
- 遊戲與戲劇都是從一種均衡的狀態開始的，而這種狀態會因為刻意製造出的某種張力或一系列的緊張狀態而產生擾動。這些緊張推進著行動，而這種緊張的狀態要一直等到最後才會獲得解除。
- 遊戲和戲劇都仰賴規則與慣例。在遊戲中，這些規則通常是顯而易見的，然而在戲劇中，它們通常並不明顯。
- 遊戲和戲劇都仰賴情感的投入和肢體的參與，也涉及認知的運作。
- 遊戲和戲劇使用類似的策略以維持其趣味性。其運用的策略包括：建立一個清楚明確的焦點、懸而未決的過程、緊張的創造與釋放、使用對比反差與意外驚奇，以及在限定的時間內進行活動。

以下將描述並分析一個在教室中常見的、適合五歲以上孩子的遊戲，並檢視這個遊戲是如何符合上述條件。

水果沙拉

1. 將椅子依照參加遊戲的人數排成一個圓圈，其中一張置於圓圈中央。不能有多餘的椅子。
2. 孩子們坐在椅子上，教師一面繞著圓圈，一面依序將孩子命名為「蘋果」、「橘子」、「西洋梨」；「蘋果」、「橘子」、「西洋梨」。以此類推，直到每一位孩子皆被命名為止。
3. 選一位孩子（或者由教師）坐在圓中央的椅子上，開始藉由呼喊「蘋果」、「橘子」、「西洋梨」或者是「水果沙拉」來進行遊戲。如果她喊的是「蘋果」，則所有被命名為「蘋果」的孩子必須離開她們原先的椅子，並且找到另一張椅子坐下。喊的內容也可以是「蘋果加西洋梨」，或是「橘子加西洋梨」等等。如果聽到「水果沙拉」，則所有的孩子必須要更換座位。
4. 這個遊戲的目標是讓坐在圓中央的人進到圓圈，並且由沒能及時找到椅子的人換坐到中間，重新開始遊戲。
5. 在這個遊戲中，不允許任何參與者直接坐到自己身旁的座位上，或坐回到他們才剛起身離開的椅子上。

在這個遊戲中，當孩子被賦予新的名字，成為新的角色並據此行動時，他們平常的身分就被暫時擱置了。在遊戲中，孩子應該只表現出該角色所要求的部分。這個遊戲的規則詳細說明了這些需求，明確指出孩子何時應該坐下並聆聽，何時又該離開座位並找到另一張椅子。在圓中央的那張椅子變得格外重要，它標誌著與其他椅子有所不同，它的不同並非來自於外觀的差異，而是因為它的孤立性，也就是說，它在空間中的位置。只是它究竟代表什麼卻又極其曖昧。一方面，那是一張將孩子從團體中孤立出來的椅子，是要竭盡所能避開的椅子；但另一方面，如果孩子一旦坐上了這張椅子，卻又握有決定遊戲接下來如何進行的權力，能享受操控全局的快感。因此，它不僅僅是孤獨之椅，也是一張權力之椅，就像國王的寶座或者校長的座椅。然而，一旦遊戲結束，這張椅子及其周圍的空間立即失去它們所象徵的意義和權力。

唯有當參與者服從遊戲中的權力時，才會覺得這個遊戲好玩，他們的樂趣來自於遊戲結構所營造出的緊張和懸疑——也就是等著聽是哪一種水果被叫到，然後等著看究竟是誰會坐上圓中央的那張椅子。這些緊張以及緊張的解除，既使得參與者情感上投入這個遊戲，亦激勵他們動態、肢體上的參與。最後，總是會有些我們意想不到的情形發生：舉例來說，兩個人可能會同時坐到同一張椅子，或是同一個人可能在接連兩次的遊戲中都沒能搶到外圍的椅子。這些意外的元素為遊戲增加了趣味性，因為它們在不中斷遊戲的情形下改變了遊戲重複性的結構。只是如果遊戲時間過長，參與者將會感到無聊。因此，成功進行遊戲的一個關鍵，便在於知道何時是結束遊戲的最佳時機。

在接下來的章節中，我們將會探究這些元素如何適用於戲劇課程。但是在提供更多遊戲範例之前，我們認為先列出遊戲能為戲劇教學帶來的其他好處，將會對您有所幫助。

- 遊戲可以提供何時導入戲劇的重要信號。遊戲能立即而有效地引發課堂中有關空間利用、活動量和互動關係的變化。

- 遊戲不只是能夠造成這些變化，還能控制這些變化。如果戲劇由寫作活動延伸而來，運用一個高度活動性的遊戲，將有助於喚醒孩子們潛伏的能量。反之，在經過一段長時間的喧鬧遊戲之後，或許可以藉由一個聆聽遊戲，讓孩子圍成一圈，引導他們進入安靜而專注的氛圍。
- 遊戲可以幫助孩子探究、定義並且分享戲劇中的空間，也可以鼓勵孩子在這個空間中，進行身體與聲音的實驗。
- 您可以運用遊戲來介紹將在稍後戲劇中探索的主題、情感或人際關係。比方說，水果沙拉的遊戲就可以為探討權力和孤寂的戲劇揭開序幕。
- 尤其值得注意的是，由於遊戲非常明白地仰賴規則，也突顯了規則的重要性。它們可以引發孩子關於教室公約的討論，並要求全體在達成共識後遵行。遊戲對於孩子在社會化教育的啟迪，將是發展成功戲劇活動的重要基石。

以下將根據遊戲的組織特徵分類，提供不同類型的遊戲範例。

與在空間中移動有關的遊戲

接下來的遊戲較適合在大一點的空間中進行，像是學校的禮堂。我們可以發現，這些遊戲不只是好的暖身活動，也具備了一些有利於戲劇學習的功用：

- 它們鼓勵孩子探索在某一個空間中活動的種種限制與可能。

- 它們幫助孩子學習如何與他人分享這個空間，以及如何在多樣且有趣的活動中和他人產生聯結。
- 它們探索空間、人或物體可以如何產生象徵性或戲劇性的意義。

當您計畫運用某一個遊戲時，必須清楚知道您希望它滿足上述哪些功能，以及它們對該堂課有何意義。在此，建議的年齡是以一般的班級為對象，但由於每個班級都不盡相同，年齡指標僅供參考。我們將針對每一個遊戲提供可能的變化玩法，幫助您進一步發展遊戲，如此一來，您不僅僅能夠使遊戲富於變化，也能使它適應年級較高的學童，更具挑戰性。

一、分享空間（適合六歲以及六歲以上的孩子）

請孩子們在不觸碰牆壁的情況下，平均地分享戲劇空間。告訴他們，聽到信號時，開始穿越空間行走，並試著保持他們享有的那份空間。教師不時說：「靜止！」並對孩子如何成功地掌控這個活動給予評價。

貼心提醒

起初孩子們會自動地順著同一個方向循環而行，並且被吸引至活動空間的中心。鼓勵他們自覺地思考空間，主動地找到空間，轉換方向，而且一發現空間就可以走入其中。他們對這個活動很快就會變得熟練，不過，在剛開始的階段，必要時可以讓他們於每一次的靜止動作之後，在空間中重新調整自己的位置。

變化玩法

- 運用同樣的練習，但要求孩子們跑步進行，或讓他們倒退行走的時候盯著自己的左肩，也可以在您給予信號的時候變換速度。
- 要求每一個孩子在班上選擇某個同學，在不讓對方知道的情形下與他／她保持一定的距離，或盡可能地遠離他／她。在遊戲最後，讓他們去觸碰那位孩子的肩膀。
- 要求孩子們在他們所擁有的時間內，於再次穿越空間移動之前，停下來並和某人保持眼神的接觸。他們一定要這樣做三次，之後，他們坐下，並要安靜地等到整個班級完成這個活動為止。
- 告訴孩子們，他們可以隨心所欲地靜止在某種模樣，靈感可以來自他們曾聽過的故事，或是您最近進行過的戲劇活動。一旦有孩子這樣做的時候，您從一數到十，屆時班上其餘的學生必須以適當方式靜止不動，以使這個畫面得以完整。告訴全班，如果多於一位孩子在同一時間靜止，他們可以自行選擇哪一個畫面是他們希望能夠參與的。

二、尾巴遊戲（適合五歲以及五歲以上的孩子）

除了三位孩子之外，分給其他孩子每人一個布條，並且要他們將布條塞進短褲或裙子中，成為「尾巴」。沒有尾巴的三位孩子要設法抓到尾巴。一旦他們抓到了，尾巴就屬於他們的，而沒有尾巴的孩子即變成追趕者。

變化玩法

- 給這三位孩子一分鐘的追趕時間。在這一分鐘結束的時候，數一數他們每一位抓到了多少條尾巴。
- 將孩子分為四組，每一組以不同顏色的布條代表，給每組一分鐘的時間當追趕者，看看他們能抓到多少條尾巴。
- 如上，只是讓一組人擔任保護者的角色，設法阻擋追趕者追逐他們保護的對象。身為阻擋者，他們不被允許和任何人觸碰。

三、豆子遊戲（適合五歲以及五歲以上的孩子）

請孩子們在空間中分散開來，然後呼喊各種豆子的名字。每一種豆子必須有自己的動作或姿勢，這在事前已取得共識。舉例來說，叫到「跳跳豆」時，那些孩子們必須立刻跳上跳下；叫到「跑步豆」時，他們要立刻跑步；叫到「一串豆」時，他們手拉手連成一條線；叫到「烘烤豆」時，他們五人或六人擠在一起成為一組。其他種類的豆子可能包括：寬豆子、菜豆、咖啡豆、軟心豆粒糖。

四、鯊魚和島嶼（適合五歲以及五歲以上的孩子）

將呼拉圈或墊子分散放置於地面上，告訴孩子們，它們是一座座的島嶼，被他們正要去游泳的大海所包圍著。當他們聽到您呼喊「鯊魚！」時，必須游至其中的一個島嶼以求安全。事先和孩子們約定好，每一座島嶼能夠容納多少位孩子。當遊戲繼續進行，逐步減少島嶼的數量，使孩子愈來愈難獲得安全。

貼心提醒

和非常年幼的孩子一起進行時，規定每一座島嶼僅能容納三人。在每一座島嶼之間走動，並且要求全班一同和您大聲地數數，確認每一座島嶼上只有三位幼兒。

變化玩法

未找到島嶼的孩子們可以變成鯊魚，並且企圖阻止游泳者獲得安全。必須遵守「不觸碰」的規定。

五、擁抱遊戲（適合六歲以及六歲以上的孩子）

請孩子們像在第一個遊戲一樣，慢慢地在空間中移動。當他們這麼做的時候，您喊出「抱」這個字，並且加上一個數字——「五個抱」或「四個抱」等等。在每一次叫喊之後，孩子們一定要快速地依照那個數字形成小組，擁抱在一起。在重新開始此遊戲之前，要先確認每一組的人數。

六、服從領袖（適合七歲以及七歲以上的孩子）

讓其中一位孩子戴上一頂帽子，並告知班級的其餘成員在他後面排隊。當音樂響起時，戴著帽子的孩子在空間中繞行，引領著前進的方向，他一邊前進，一邊做出可以重複的動作。在列隊中的孩子必須要跟著做出同樣的動作。在一段時間之後，移開帽子且迅速地放在另一個孩子頭上，並喊出「換領袖」。那些排列在新領袖前方的孩子們一定要立刻斷開，加進新領袖後面的列隊中，使遊戲繼續下去。

變化玩法

- 不同形式的音樂將會產生不同種類的動作。
- 提供一個主題，例如：在動物園中的動物，強調您要的是動作，不是噪音。
- 請幼兒圍成一個圓圈而不是一條直線，如此一來，當您在變化帽子位置的時候，就不需要重新組隊。這會適合較年幼的孩子。

七、騎士、狗群和樹（適合五歲以及五歲以上的孩子）

選出一位幼兒面對牆壁並且發號施令。班級其他成員現在務必環繞著空間奔跑，一直到您說出「靜止」。在這個時刻，孩子必須靜止不動，並做出騎士、狗或是樹的任何一種姿勢。現在，請發號施令者從這三者之中選擇其一喊出來。當她叫出「騎士」，騎士們就要保持靜止，而班級其餘的孩子要重新開始在該空間奔跑。當您接著喊出「靜止！」，騎士可以保持騎士的表演姿勢靜止不動，或者可以選擇改變他們的姿勢。當所有的孩子們立刻再次靜止不動成為他們所選擇的表演姿勢時，就請發號施令者再次喊出一種姿勢的名稱，使遊戲繼續。

變化玩法

討論協定出其他有對比性的靜止姿勢。它們可以和您正在進行的故事或戲劇活動直接相關，舉例來說，因應《小紅帽》改為「獵人、狼和樹」。

八、運用你的身體探索空間（適合九歲以及九歲以上的孩子）

重複地自一數到十。在第一次數到十的時候，孩子可以在這個空間以任何的方式漫遊；第二次數到十的時候，他們必須保持靜止不動；第三次的時候再次遊走；在第四次，他們保持靜止不動，以此類推。在遊戲的過程中，孩子們應嘗試充分運用三度空間。當靜止不動時，他們應該專注，並嘗試感受自己就像是整個空間的一部分。

變化玩法

- 使用有特殊氛圍的音樂以影響動作的特性。
- 為此空間提供可資想像並與戲劇課程聯結的情境——一座森林、一片沙漠、地底下的王國、外星等等。

九、運用聲音填滿空間（適合九歲以及九歲以上的孩子）

讓孩子們在空間中移動並大聲地吟唱，要求他們運用其聲音將空間中的每一個角落填滿。以一種簡單的反覆吟唱方式引領他們，如「嗨，嗨，嗨……」。

變化玩法

- 變化該吟唱詞。
- 請孩子們在空間中靜止站立著，您藉由將手舉高或放低來指揮，以變化吟唱的音量。

兩人一組或是小組的遊戲

接下來的遊戲，除了達到前一節開頭所列的目標外，也會要求孩子們的專注與合作的能力，孩子們在兩人即興以及團體的戲劇活動中會用到這兩項能力。

一、鏡子遊戲（適合七歲或七歲以上的孩子）

請孩子們和同伴面對面坐好，並決定他們其中哪一位是A，哪一位是 B。告訴他們，只要 A 用一隻手臂在空中慢慢地畫出圖案時，B 就一定要試著像鏡子一樣反射做出確切的圖案。當您喊：「換！」時，他們的動作必須持續下去，不能中斷，但這時換孩子 B 帶頭做動作。

貼心提醒

清楚告知孩子們，教師應該無法從他們的動作中區分誰是帶頭者。因此，帶頭者必須試著不要惡作劇或讓他的同伴跟不上動作。

變化玩法

- 專注於身體的其他部分——例如，臉部或是雙腿。
- 孩子們可以站著並運用身體的任何部分。
- 當孩子們進行活動時，他們可以在教室內走動，但要一直小心有其他小組正在進行活動和移動的地方。
- 帶頭者可以做出簡短的連續動作並停止，再由她的同伴跟著她做。這樣的方式是在動作之後重複，而不是同時做動作。這會讓動作更具流暢性以及多樣性，並且需要運用記憶力。
- 如上，只有帶頭者為動作加上語言／聲音，並在音調和音量上做變化。在先後的動作／語言之間，不需要有邏輯性的順序。

二、表演給我看（適合九歲或九歲以上的孩子）

請孩子們選擇一位同伴並面對面地坐在場地內。當您給予指示時，孩子A必須開始告訴B，她在上週末做了哪些事情。在任何一個瞬間，孩子B可以說出：「表演給我看！」於是，孩子A就要起身表演他剛才敘述的故事動作，才能再次坐下繼續那個故事。您可以強調這個故事可以是真實的或者是完全編造的。當您喊：「換！」時，孩子B就接續孩子A未完成的那段敘述，並且以她喜歡的方式繼續發展。

貼心提醒

- 每對孩子進行這些動作時，必須在限制的空間範圍內表演。
- 您可以依據班級的特質，在遊戲開始之前，巧妙地排除某些類型的動作。

三、雕塑同伴（適合七歲或七歲以上的孩子）

孩子A是黏土，孩子B是雕塑家。孩子B藉著輕緩地推壓她希望孩子A移動的身體部位，塑造孩子A做出不同的姿勢，並用手輕輕地來停止該動作。當您喊「換！」時，孩子們就要交換角色。

變化玩法

- 從故事中取材，雕塑你的同伴成為一尊特定的雕像。
- 小組為一位自願者雕塑成為戲劇中某個特殊時點的圖像。如果該圖像需要，可以讓更多的孩子被雕塑。鼓勵嘗試這個圖像的各種可能。

四、小組字母（適合九歲或九歲以上的孩子）

將孩子分為七人或八人一組，他們要組成您大聲說出的任何大寫字母的形狀。他們必須雙腳著地，因此，只有空間中身體相關位置的總和才能構成這個字母。因此，這些字母必須從空間的上方來「閱讀」。

變化玩法

- 告訴孩子們，他們必須安靜無聲地進行此活動，只能透過眼神以及姿勢溝通。
- 讓各組排好隊。如果有五組，教師大聲說出由五個字母組成的單字，就像是APPLE（蘋果）。每一組一定要試著努力完成他們應該構成的那個字母，如此一來，這五組一起拼出了這個字彙。

- 大聲說出一個字母，然後全班必須在不交談的方式下完成它。

五、團體形狀建構遊戲（適合九歲以及九歲以上的孩子）

這個遊戲和上一個遊戲類似，不過，在這個遊戲中，孩子們必須三或四人一組，運用他們的身體創造出直立式的字母，或像是「星星」或「艾菲爾鐵塔」等其他形狀，方法可以包括舉起他們的雙手、手牽著手、將他們的身體放在不同的高度上。

六、請問你在做什麼？（適合十歲以及十歲以上的孩子）

大約八位孩子一組，圍成一個圓圈坐下，並為他們依序編為一至八號。從一號走進圓圈並模仿一個日常生活的動作開始，例如騎腳踏車。二號必須真誠地表現出困惑為難的樣子，並詢問一號參與者「請問你在做什麼？」而一號必須毫不猶豫地以一個完全與他的動作不一樣的答案來回答，例如：「我在繫鞋帶」或是「我正在畫蒙娜麗莎的微笑」。而二號必須立即取代一號的位置，站在圓圈的中央，並且做出與一號剛才回答的答案相同的動作。接著，三號也要接著詢問二號：「請問你在做什麼？」讓這個遊戲依此類推，繼續下去。小組成員如果認為答案和動作並無明顯的區別時，可以發出聲響來示意。

變化玩法

可以讓全班孩子圍成一個大圓圈來進行此遊戲。

圓圈遊戲

圓圈在戲劇中是非常重要的形狀，極具象徵意義，尤其當教師與孩子們圍坐一起時。圓圈能暫時將教室中原有的階層關係與小團體，轉換成一個共享、平等的空間。圓圈意味著教師一旦置身其中，必須卸下平常的權威性角色；它也暗示著在圓圈中的每一個成員，都必須對在圓圈當中進行的活動負有成功與否的責任。

一、循環遊戲（適合七歲以上的孩子）

大家先圍成一圈。每個人以「今天早上……」開頭，造一個句子，像是：「今天早上我在土司上塗了橘子果醬。」句子不能相同或重複。如果有人不願意造句，可以說：「下一位」，讓她能在不被責備的情形下，由下一個孩子接手造句，繼續這個遊戲。

變化玩法

- 句子的開頭可以加以變化，鼓勵孩子們肆無忌憚地編造「謊言」（換句話說，運用他們的想像力）。
- 這個遊戲有助於複習前一堂已完成的課程內容。您可以請孩子們回想並說出任何一個在上一堂課曾發生或經歷過的事件，或者是回溯截至目前為止的戲劇故事脈絡。

- 像是「我去了菜市場，並且買了……」的語句接龍遊戲，也是巡迴遊戲的一種類型。孩子們必須在將自己購買的東西加入清單之前，先複述之前其他人已購買的品項。在遊戲過程中，可以同時在圈中傳遞竹籃，增加趣味性。

二、傳遞遊戲

活動帶領者和孩子們圍坐一圈，並請他們手牽手，閉上雙眼。接著，活動帶領者輕輕握緊坐在左邊孩子的手。當這個孩子感受到您握了她，必須把這股握力傳給坐她左邊孩子的手，讓它被傳遞下去，一直到傳了一圈，又傳回給您為止。

更多的傳遞遊戲

- 口耳相傳：孩子們圍成一圈傳悄悄話。
- 掌聲相傳：可以要求孩子維持掌聲節奏和音量的一致性。
- 傳遞面具：一位孩子可以假裝在她的臉上戴上面具，可以是可怕的，也可以是滑稽的，接著將這樣的「面具」傳給下一位孩子。這個孩子必須先模仿前一張「面具」，接著回復中性表情，然後再做出屬於自己特色的面具，依此類推。
- 傳遞鞋子：活動帶領者一面拍手、一面有節奏地數數，例如：1、2、3、4，1、2、3、4，並在數到「1」時加重音。接著加入傳鞋子的動作。當帶領者數到「1」時，拿到鞋的孩子必須將鞋子交給坐在他左手邊的同伴。在傳遞鞋子的過程中，整首唸謠也可以變化為1、2、3，1、2、3，依此類推。

- 傳遞隱形球：這顆隱形球可以在圓中拋來傳去。活動帶領者可以鼓勵孩子在接到球時，感受這顆球的重量，也可以在繼續傳球前，假裝拍一拍球。還可以強調這顆球突然變得非常火熱、非常冰冷、非常重，或者輕得就像是一顆氣球等等。

三、傳遞鈴鼓（適合五歲以上的孩子）

請一位孩子閉上雙眼坐在圓中央，其他孩子則圍著圓圈坐好，並將雙手放在背後。接著，他們開始輕輕地在背後傳遞鈴鼓，並盡可能避免發出聲響。當教師喊「停！」的時候，坐在圓中央的孩子必須張開雙眼，立即指出他覺得正拿著鈴鼓的孩子。

貼心提醒

年紀較小的幼兒可能會以他們的臉部表情或是身體語言示意她持有鈴鼓。教師們可以藉由詢問坐在圓中央的孩子：「你是怎麼猜出誰拿鈴鼓的呢？」引導孩子們注意這一點，鼓勵他們偽裝自己的身體語言，這可是表演的基本功哦！

四、鯊魚來了（適合七歲以上的孩子）

請孩子們站著圍成一個圓圈，每個人都面向圓的中心。教師站在圓的正中央，假扮成鯊魚，喊出其中一位孩子的名字，如「瑪麗」，然後走向她；移動的同時，雙眼直視著瑪麗，雙手向前伸直，做出鯊魚大嘴開合的動作。在「鯊魚」觸碰到瑪麗之前，她必須趕快說出另一個孩子的名字，如「泰倫」，繼而以同樣的方式接近泰倫。一旦瑪麗成為新任鯊魚，教師必須轉變成害怕鯊魚的樣子，站到瑪麗原本所在的位置。依此類推，泰倫必須叫出另一位孩子的名字，並且以鯊魚的姿態向其靠近，繼續這個遊戲。這個遊戲的目標在於不要被鯊魚吃掉（也就是不要被假扮成為鯊魚的孩子碰到）。

變化玩法

- 此遊戲進行了一段時間之後，教師可以在圓中加入第二隻鯊魚、甚至第三隻鯊魚，依此類推。
- 教師也可以規定「公鯊魚一定要去吃小女生，母鯊魚一並要去吃小男生」。

五、帶動唱（適合五歲以上的孩子）

教導孩子們一首搭配著動作的兒歌，例如：

在森林中的一個小屋，	（在空中做出小屋和樹的形狀）
有一位小老頭兒在窗邊站立著。	（將手放在額頭）
他看到一隻小兔子從他眼前跳過，	（用手做出兔子跳躍的動作）
小兔子跳過來敲了敲小老頭兒的門，	（模擬敲門的動作）
「救救我！救救我！」小兔子說。	（雙臂伸直）
「農夫想要射殺我！」	（模擬農夫拿槍的姿勢）

「小兔子你可以留在我身邊，　　　　（做出招手歡迎的姿勢）
我們可以快樂地生活在一起。」　　　（模擬和小兔子擁抱的姿勢）

變化玩法

重複這首兒歌，但是第一句不唱出聲，改以動作代替；接著，改為第一、二句不唱出聲，以動作代替；依此類推，直到整首兒歌以不唱出聲，全以動作的方式呈現。

寓含故事性的遊戲

不像戲劇一般，通常遊戲本身是不具故事性的。不過，有些遊戲本身寓含故事性，並可能發展成戲劇。接下來所列舉出的遊戲就是很好的例子。

一、農夫和狐狸（適合七歲以上的孩子）

請孩子們站著圍成一個圓圈，每個人都面向圓的中心。選出一人假裝是狐狸，而這隻狐狸必須離開圓圈，找一處地方做狐狸窩。接著，在不讓狐狸知道的情況下從圓圈中選出一位農夫，然後在圓圈空出一個縫隙，並在圓中央放置一個布偶小兔。一切就緒後，狐狸必須穿過縫隙進入圓中央，一旦碰觸到布偶小兔時，農夫就可以展開追逐。追逐必須在圓圈內進行。若是農夫碰到了狐狸，農夫自己馬上就成了狐狸，而狐狸則變成了農夫。誰能先通過圓圈縫隙抵達狐狸窩就算贏了。

二、魔術師與迷宮（適合九歲以上的孩子）

教師將孩子們以四人或五人分作一組，將他們依照組別排成數個縱隊，並要求他們與站在自己前方以及左邊的孩子都能保持一個手臂的寬度。接著，教師向孩子們說明，他們現在是魔術師迷宮中的圍牆；當魔術師一說咒語，牆的方向就會被改變；而改變的方式為：孩子將他們的右手臂伸直，觸碰他們正前方孩子的肩膀，而當魔術師說：「變！」孩子將右手臂放下，並立即伸直左手臂，觸碰自己左邊同伴的肩膀。以這樣的方式可以變化迷宮的圍牆數次。接著，選出兩位孩子，其中一位要在迷宮中追逐另一位孩子。身為魔術師的教師可以隨意說：「變！」或是選出另一位孩子來擔任魔術師的角色。

三、鑰匙保管員（適合七歲以上的孩子）

請孩子們圍坐一圈。徵求一位自願者擔任鑰匙保管員，蒙上眼睛，坐在圓正中央的椅子上。現在，將一個大鑰匙放在椅子下方。詢問圓圈中的孩子是否有人自願嘗試不動聲色地取得鑰匙。若是鑰匙保管員聽到聲響，且成功地指出那位試圖拿走鑰匙孩子的方向，這個孩子就必須回到自己的位置上，換上另一名自願者安靜無聲地達成任務。

變化玩法

這位鑰匙保管員手上可以拿著一個用紙捲成的棒子。只有當鑰匙保管員成功地以紙棒觸及到試圖接近他的孩子時，這個孩子才算出局。

「鑰匙保管員」很適合改編，可依據需求賦予它不同的故事情境。比方說，您可以介紹這位鑰匙保管員是一個守著神祕洞穴的怪物，孩子們唯有取得鑰匙，才能發現藏在洞穴中的寶藏。當我們企圖藉由戲劇賦予遊戲故事性時，最好用說故事的方式來介紹這個遊戲，而非說明遊戲規則。下一章節中戲劇活動就將以這個故事的另一種版本作為引子，您可以做如下介紹：

> 我們是這個森林中的動物，齊聚在一塊空地附近觀望著。我們具備許多人類所沒有的技能；我們在黑暗中也可以看得見，而且，我們還能靜聲輕巧地在森林中移動。今天晚上，我們需要運用我們的能力，營救出我們的朋友。此刻，他被一個惡毒兇殘的獵人關了起來。那獵人現在就坐在空地中心的一個樹墩上，手上拿著棍棒，看守著關我們朋友的小屋以及開啟小屋的鑰匙。他知道我們就在附近，並且等著我們採取行動、出面營救，如此一來，他將揮舞手中的棍棒，把我們變成他的戰利品。但是，他和我們不同，他很害怕黑暗。他在黑暗中看不見東西，更不敢離開他現在所坐的位置。我想知道，我們當中有沒有誰有足夠的勇氣，敢進入空地並想法子偷得鑰匙？我們其中有哪一位自願前往者，請舉起你的手！

教師可以挑出一位自願者，並且展開遊戲。

如上，運用故事能夠有效地將一個遊戲轉變為一個戲劇情境。經由故事的描述，整個空間在參與者的想像中，已經被轉換成一塊森林中的空地；椅子變成樹墩；鑰匙保管者成了獵人；白報紙捲成的紙捲變成棍棒；孩子們化身成森林動物；時間是更深夜闌之時。故事敘述清楚提示出整個戲劇的遊戲規則，不僅解釋了鑰匙保管者以及那些設法偷取鑰匙者的行為特質，並為整個行動賦予情感上的動機。運用戲劇性的轉化，將使參與者更投入遊戲之中，因為遊戲變得更充滿了緊張和懸疑的氣氛。不但如此，在圓圈中的孩子更因此具有從觀望者成為行動者的權利，他們雖身為觀眾，但也有機會成為演出者。換句話說，他們不但被邀請觀賞整個過程，也在其中擔負著重大責任。不過，這個遊戲（或者我們可以說是一個場景）仍有許多未解的問題。究竟是誰被關起來了？為什麼他會被獵人捉走？為何動物們想要營救他？如果動物成功地將他營救出來，將會發生什麼事？也就是說，關於這個故事的緣由與它後續的發展，都還有推測和探究的空間。事實上，教室戲劇所需的全部要素都在這兒了。

一些可幫助組織以及掌控的策略

1. 在手邊預備一些您在帶領遊戲時需要的資源。
2. 第一次帶領遊戲時，可將遊戲步驟分成各個階段，清楚、有邏輯地寫下來，作為提醒之用。
3. 孩子們尚未準備好之前，絕對不要開始進行任何一種遊戲。一般而言，「準備好」意味著孩子們必須是靜止不作聲的。
4. 當您準備給予年紀較小的幼兒們指令時，盡量一次僅給予一個指令，且必須簡單清楚。例如，「每一個人都站起來……很好……現在，把手指頭放在嘴巴上……做得很對，現在輕輕地踮腳走路」等等。

5. 在活動開始以及結束遊戲時，給予孩子清楚且一致的指令，並且在確定孩子清楚了解這些指令之後再開始進行。

6. 您必須有一些讓孩子安靜下來的策略，以免在活動中必須提高音量來控制場面。這在孩子們兩兩成對或分組進行活動時尤其重要。我們最常做的方式是告訴孩子，無論他們在何時見到你舉手，都必須停下手邊所有的活動，並且將他們的手也舉起來，安靜地等你告知他們接下來進行的事項。

7. 向孩子們說明在戲劇課程活動中，有時他們可以自己挑選合作的夥伴，有時候則必須由教師進行編組。教師們必須謹慎思考由孩子自行分組或由教師編組的適當時機。舉例來說，鏡子遊戲在與朋友一起進行的情形下，能夠達到最好的效果。要解決某個孩子在團體中被排斥、孤立的情形並不容易，然而一段時間過後，當孩子們愈來愈習慣和不同的人一塊兒進行短時間的活動，將會減少這類問題發生的機會。

8. 如果您擔心孩子們無法和自己第一次選擇的夥伴順利共事，那麼，您可以在遊戲開始之前使用這種方式：「選擇一個夥伴……現在選擇一個不同的夥伴。」

9. 當您想要將孩子分組時，最常見的方法是請孩子們圍成一個圓圈或全班坐好，依序為他們編號，並指派各組到各自的活動空間。但要注意的是，如果您的班上有二十八位孩子，而您希望四人一組，您必須為孩子們從一號編至七號，而不是從一號編至四號。如果您為孩子們從一號編至四號，您得到的是七人一組，而不是四人一組。

10. 在一對一對的活動或小組活動開始之前，確認孩子們了解自己活動空間的範圍和限制，並知道不能侵入他組的活動範圍。

11.使遊戲規則以及遊戲技巧富於挑戰性，並且盡可能找機會讚美孩子。當您讚美孩子們的時候，要讓他們清楚知道您為何讚美他們。舉例來說，您可以強調，在活動空間中移動的同時還得學著分享空間，是一件困難的事，而當孩子們做到時，便給予他們讚美。如果您對孩子們的期望稍高，但這期望是在他們能力可及的範圍內，孩子們則會學習尊重您的讚美；反之，當他們未達到您的期望時，不要輕易給予讚美。

12.當某些孩子顯然在破壞一個遊戲的進行時，不要讓這個遊戲繼續進行，但是也不要讓全班孩子受懲罰。有必要的話，可以讓全班孩子坐下討論，是否需要新的遊戲規則。「我們將會重新開始進行這個遊戲，這一次讓我們一起看看，是否可以在互不干擾的情形下進行這個遊戲。大家都能做到嗎？」在這裡，很重要的是將遊戲規則處理成團體共同的挑戰，而非不可侵犯的約束。如果有某幾位孩子仍然忽視新訂定的規則，那麼您可以讓他們退出遊戲，並告訴他們：「我想你們最好到這裡來，看看這個遊戲應該怎麼玩。」在經過短暫的時間之後，您可以和他們協商重新參與遊戲的可能性，前提是他們必須已經了解如何恰當地進行這個遊戲。而如果他們確實做到，可以在遊戲之後以不張揚的方式稱讚他們，避免引起全班孩子的注意。

第二章

以故事開始戲劇活動：《森林的孩子》

故事提供了戲劇的精髓，在戲劇中所鋪陳的故事，是我們藉以了解戲劇的重要線索。小學教師深諳故事對於孩子學習的影響力及重要性。除了豐富孩子們的語文表達之外，某些故事還能增進孩子理解並思考有關人類的思想觀念和重要議題。因此，故事有助於教師從而進行有關心靈、社會，以及道德方面的重要課程，而戲劇則能夠幫助孩子在故事的意象中持續思考這些課題，並與故事所創造出的世界建立更密切的聯結。就像在 1960 年代中期，由英國國家廣播公司製播、Ken Loach[1] 執導的《凱西回家》（*Cathy Come Home*）影集，曾引發了英國社會對遊民議題的討論，戲劇生動地呈現故事，比起班級討論能更有效地鼓勵孩子們思考並探究故事所引發的議題。當您教導小學階段的孩子時，選對故事將會是您帶領他們進入戲劇的成功關鍵。

對於戲劇教學的新手們，我們建議您運用現成的故事來發展戲劇活動，其優點包括：

- 故事可以提供清楚的主題重點，有助於您將戲劇活動一併規劃於整體課程計畫中。
- 許多活動可在教室中以每次較短的時間行之，讓您與孩子可以一起逐步培養自信。
- 由於故事將提供您建構戲劇活動所需要的人物、地點和事件，戲劇

---

1 英國電影、電視、紀錄片編導，作品以寫實主義為基調，長期藉影像為工人階級與弱勢族群發聲，影片富於人道主義精神。曾於 2006 年以描繪愛爾蘭獨立運動的《吹動大麥的風》獲得坎城影展金棕櫚獎。1996 年的寫實劇《凱西回家》以一個懷孕少女的故事結合遊民的統計數字，披露當時英國底層遊民的真實生活，播出後促成英國成立遊民庇護所與慈善機構。

教學不致成為您全然陌生的經驗。

- 故事能夠幫助您在戲劇活動和國定語文政策的教材目標之間建立直接聯結。

近來兒童文學出版品相當蓬勃，可供小學教師選擇的故事題材是如此繁多，以至於有時要找到有助於導向成功戲劇課程的故事並不容易。本章中，我們將運用由 Richard Edwards 與 Peter Malone 創作的故事《森林的孩子》（*The Forest Child*）來說明。故事的完整文本請參見附錄一，建議您先閱讀這個故事，再繼續閱讀此章節。這個故事具有以下敘事特色，非常適合透過戲劇來進行深入的探索。

- 這個故事表面上看來是個非常簡單、有著美好結局的童話故事，但是，故事中的人物在遭遇某些事件而必須進行道德判斷時，表現出矛盾的特質。因此浮現出一些懸而未決、值得注意的問題——諸如個人與大自然乃至動物的關係、何謂有用的知識，以及順從與不順從。這些故事中未有定論的問題，正是教師進展至戲劇的踏腳石。
- 這個故事雖然安排了烏托邦式的美好結局，卻絕非膚淺，亦非過分的感情用事。它引人入勝，富於神祕感，有著濃烈氛圍以及栩栩如生的特質。
- 故事中暗示著身後世的可能性，開放讀者進一步探索，同時刺激讀者進行「如果……會如何？」的假設性思考。

這故事適合小學生，尤其是二、三、四年級的孩子。本章將會標示出某些戲劇活動的適用年齡層，至於這一系列的活動企圖達成下列四個目標：

1. 鼓勵您與您的班級開始進行戲劇，並且學習運用戲劇性的元素。
2. 指出戲劇可以如何幫助孩子置身於故事中，讓他們更了解故事，進而探索故事的內容與氛圍。
3. 說明孩子可以如何運用戲劇來探索故事中所提示攸關人類的重要議題。
4. 提供您一些戲劇策略，當您未來為其他故事進行小學階段的戲劇課程規劃時，可自行調整、變化這些策略，以適應需求。

以下多數活動在教室空間內即可進行。而且，大部分活動是能夠獨立進行的，您可以在平常教學時，選擇一至二種試試看；其他的一些活動則適合搭配音樂或舞蹈的課程進行。然而，這些活動已經按邏輯發展順序排列，在大多數情況下，可在學校禮堂進行的戲劇課程中按部就班地運用。因此，在本章最後，將會簡單說明戲劇課程規劃的相關問題。如同前一章，以下將會考量學生的年紀和經驗，就單一活動提示變化的版本。這些活動是根據許多戲劇教學的策略和慣例而組織的，文中將以粗體字標示這些慣例的名稱，並在附錄二敘述它們的內涵。這些戲劇慣例可以用於為各年齡層的孩子組織戲劇活動，在之後的章節中，我們還會陸續發現它們的縱跡。

活動

一、鑰匙保管員（適合一年級以上的孩子）

請參照第一章所描述的版本來進行這個遊戲。

二、故事預告（適合幼稚園以上的孩子）

將孩子們聚在一起，詢問他們這個遊戲所引發的相關問題（如第一章所列），聽聽孩子們的想法。向孩子說明，您將會說一個和遊戲有關的故事，接著讓他們看一看故事書的封面——一幅繪有森林的孩子、狼、熊與河狸的圖畫。在您開始說故事之前，問孩子們這個封面告訴了他們哪些關於森林的孩子的線索。

貼心提醒

電影的預告通常被設計成在不洩露太多情節的情況下，引發觀眾對影片的興趣。上述關於遊戲以及故事書封面的提問即是從此著眼，作為製造懸疑的媒介，意圖使孩子們對接下來的故事產生興趣，並因此提升專注力。

三、呈現故事（適合幼稚園以上的孩子）

慢慢地說這個故事，並同時展示你述說片段的插圖。當您在說故事的時候，可以播放一些配合當時氣氛的音樂，如在Gabrielle Roth and the Mirrrors[2]《骨頭》（*Bones*）專輯中的〈狼〉（*Wolf*）。

貼心提醒

- 繪本通常有利於戲劇活動的進行，因為繪本一如戲劇，綜合運用視覺圖像和語文字彙來傳達故事的意義。倘若在敘述故事時搭配豐富故事層次的音樂，實際上則提供配樂的效果，不僅能渲染故事的氛圍，亦使故事講述更接近孩子觀賞劇情電影的經驗。
- 在閱讀之外，說故事是另一種使故事經驗貼近戲劇的方法。教師在講故事時可以和聽眾保持眼神交會，並且自由運用肢體動作和面部表情，特別是當提及不同人物的時候。即便您已經熟記故事——通常不是如此時會更好，說故事帶有一種明顯的即興特質，近似戲劇性的說話方式。最適合講述的故事是那些直接來自於口傳文學者，像是收錄在書末推薦書目所列之童話集與民間故事集中的故事。圖2.1希望幫助那些不熟知故事或不習於說故事的老師們，它是根據Bob Barton在《再說一個》（*Tell Me Another*）書中所提供的建議而繪製。

---

2 譯註：Gabrielle Roth為美國當代藝術家，身兼音樂家、作家、舞者、哲學家與鏡射劇團（The Mirrors）音樂總監等身分，對薩滿信仰特別感興趣，有都市薩滿之稱。她的音樂風格屬世界音樂與迷幻音樂（trance music）類別，專屬網站的網址是：http://www.gabrielleroth.com。

閱讀故事
也許不只一次
就算是您不喜歡其中的某個部分，也試著不要因此放棄，要想想它整體的結構
您喜歡這個故事嗎？
您認為當您以自己的方式說故事時，孩子們會喜歡它嗎？

記住故事的情節
將故事情節抽絲剝繭探討
哪些是必要性的情節？
哪些部分是可以捨棄的？
哪些細節（包括名字）是不可或缺的？
您能夠記住嗎？

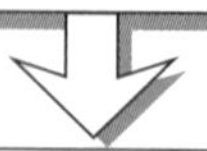

發展角色
誰是故事中最重要的人物？
您是如何看待他們的？
您能夠描述他們嗎？
他們有獨特的特徵嗎（例如：咬文嚼字）？

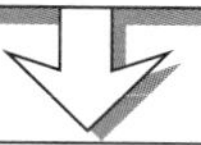

添加細節
重讀故事
有沒有哪個特定的句子捕捉了故事的基調？
故事中有任何特別重要的場所嗎？您能描述它們嗎？

嘗試演練
對朋友、家人或任何願意聆聽的人演練！
記住，每個人都喜歡聽故事——他們也會喜歡聽您說的故事

圖 2.1　改編自 Bob Barton 所著之《再說一個》

四、表演故事（適合小學一年級以上的孩子）

讓孩子們圍成一個圓圈，向他們介紹「故事棒」（一根老舊的手杖或枴杖），向他們解釋您會再說一次故事，並且當您在說故事的同時，孩子們要將故事情節在圓圈中表演出來；因此，舉例來說，當您說到「很久很久以前，有一位森林的孩子……」時，任何一位想要表演此段故事的孩子便可以舉手示意。凡是被故事棒點到的孩子，必須走進圓圈內，將您所述森林的孩子或其他角色的動作表演出來。向孩子說明，當您在舞台四周輕揮故事棒時，舞台空間必須隨之淨空；接下來，新的自願者將被選出以繼續故事。教師要清楚表明，您握有故事棒並且掌控全局；您將會盡您所能確保每一位有意願的孩子都有上來演出的機會，但是他們必須耐心等候。這是遊戲的規則。

貼心提醒

- 這個活動示範了如何改變課堂的氣氛——從嚴肅、安靜的全神貫注，轉換為喧鬧的活動和歡笑。它相當程度地使故事的氣氛變得輕鬆，而這種節奏的對比和變化實為維持故事興味之必需。稍後的活動將會引領孩子回歸嚴肅的反思。
- 這故事棒被賦予神奇的力量，就像是巫師的魔法棒，或莎士比亞劇作《暴風雨》（*The Tempest*）中魔法師普羅斯帕羅的權杖。做為說故事者權威性的視覺符號，它不僅提前介紹了物品在戲劇中的象徵力量，在此也被用來作為一種界分真實和戲劇的控制手段。
- 此活動很清楚地表明，即使故事是以過去式被敘述著，當它被戲劇化呈現時，卻宛若發生在此時此刻，躍然於眼前。

- 既然戲劇乃此時此地所發生的行動，如果希望孩子知道如何戲劇化地呈現故事內容，教師就必須重新改編文本以強調肢體動作。因此，即便故事僅輕描淡寫：「有一天，一位獵人進入森林……」教師卻需要加油添醋，像這麼說道：「有一天，一位獵人慢慢地、悄悄地走進森林，他拿著一把槍，環顧四周，窺探頭頂上的枝葉，也察看身旁的矮樹叢……」這些新加入的、出人意外的細節，以及表演者表演這些敘述的方式，將鼓舞觀看者與表演者雙方的興致。
- 鼓勵孩子運用肢體創造出故事的場景——森林的樹木在風中搖曳，有的矮胖短小，有的則是高大細長；長有刺棘、拖住獵人外套的灌木叢；獵人小屋那巨大堅固的門。除了富於趣味性，這麼做也能引導孩子們認識身體在戲劇中的重要性，嘗試身體可以如何表示出各種不同的象徵意義，並能愈來愈有自信地運用身體進行即興創作。

變化玩法

- 當孩子獲得這種方式的活動經驗之後，您可以加入自願者，與您一同說故事。
- 當對象是四到五歲的孩子時，您可以講述故事，並和全班一起演出故事片段；每個人可以同時扮演森林的孩子、熊、狼或獵人等等的角色。
- 當對象是六年級的孩子時，可以將全班大致分為六人一組，發給各組一大張紙和一枝麥克筆，並要求各組寫下十個編有號碼的句子，依序列出故事中的重大事件。接著，各組圍坐成半圓形，前方空出表演區域，其中一人參考清單上的句子說故事，其他人則將故事演出來。這個年齡的孩子，尤其是有戲劇經驗的孩子，已經能夠自發性地進入舞台空間，不必舉手示意。但若教師認為有其必要，仍然可以使用故事棒（也可以是大的紙卷）作為一種控制的手段。

- 您可以將對話加入故事敘述之中，要求孩子照原樣複述對話內容。當對象是戲劇經驗較為豐富的班級時，甚至可以要求演員即興創作對話。比方說，敘事者說完「獵人看著森林的孩子說道……」便在此打住，讓扮演獵人的孩子自由發揮，接續下去。

五、製作故事地圖（適合小學二年級以上的孩子）

將孩子大致分為四人一組，發給各組一大張紙、一些蠟筆或麥克筆。請他們製作一張故事地圖，將故事中重要事件的發生地點標示出來。完成之後，各組可以比較彼此的故事地圖。

貼心提醒

- 戲劇以及創作戲劇在本質上來說是一種團體活動，要求參與者在協商中，對於何者為重以及如何將之呈現達成共識。這個活動介紹孩子這種意義協商的歷程。
- 故事是以時間來貫串事件，而視覺藝術是通過空間來展現；戲劇則既通過時間、也運用空間來組織事件。這個活動讓孩子專注在故事中的空間面向。

變化玩法

- 有一些組別可能需要額外的支持，需要教師或是助教以提問的方式來引導。

- 繪畫在這裡是偏向功能性地運用，地圖的藝術性並非重點所在。但是，這可以是製作全班牆面展示的第一步，由不同的孩子負責描繪人物、相貌特徵或事件。孩子們也可以用他們自己的話或以對話形式，寫下故事的摘錄片段，並在適當位置處附貼於牆面展示上。

六、運用聲音創造森林（適合小學三年級以上的孩子）

著眼於孩子所設計的其中一張故事地圖，和孩子討論在森林可能會聽到哪些聲音——潺潺溪水聲、林間風聲、鳥兒啼囀、蛇行草叢的沙沙聲響、獵人小屋附近的劈柴聲等等。準備各類型的樂器，包括可做音高變化的打擊樂器（譯註：如木琴、鐵琴、管鐘等）、無音高變化的打擊樂器（譯註：如鑼、鈸、鈴鼓、三角鐵等）、直笛等等，和孩子們討論並試驗哪些樂器最能表現出森林中的各種聲響。將孩子依四到五人分成一組，指定各組創造森林中某個特定地點的音響，並提供他們相稱的樂器。讓孩子們嘗試以人聲或樂器發出聲音。教師到各組和孩子們討論他們所製造出的音響代表什麼意義。接著，告訴孩子們您將會安排各組的位置，請他們合奏，一起把教室變成森林；可能的話，將教室燈光調暗。教師扮演森林的孩子，一邊穿越森林一邊說：「森林的孩子喜愛森林的音響。她常在溪邊逗留，聆聽溪水順石而下的涓滴聲，和魚兒蹚水的潑濺聲……」以手勢或眼神示意各組，他們擔綱的部分何時開始、何時結束。

貼心提醒

- **音樂拼貼**在劇場現場演出中是一種常見的技法，用以使戲劇的世界歷歷在目。在這個簡短的戲劇場景中，孩子們具有觀眾與表演者的雙重身分，而他們唯有遵守傳統劇場的成規，不發出任何與表演無關的聲音，才能使森林躍然眼前。孩子們必須在表演開始之前就了解並同意配合。在表演之後，可以就上述規範達成的效果進行討論，或許還能再試一次。
- 將教室燈光調暗可以創造氛圍，如果再加上一些簡單的舞台燈光，像是打出綠光，便能產生更好的效果。燈光變換是將日常生活空間轉變為戲劇空間的另一種方式。
- 幽暗的氛圍以及表演的規範在此造成了某種張力。你可以再加上一點懸疑，不預先告訴他們你到各組的順序。
- 你的敘述應該有個合情合理的結尾，回歸平靜的狀態——也許森林的孩子找到了一處沒有任何聲響的所在，在寂靜中沉沉入睡。

七、經由姿勢動作創造森林（適合四年級以上的孩子）

在進行這個活動之前，也許要先在課程活動中進行另一個小活動，和孩子們討論並彙整列出有哪些動物可能住在這座森林中。從列表中選出五或六種動作上別具特色且引人探究的動物，並為每一種動物準備兩個動詞：如蛇是「曲折地移動」與「滑行」；猴子是「大搖大擺走路」和「翻跟斗」；老鷹則是「飛撲」和「滑翔」。某些班級已經能夠協助教師列舉出相關動詞。運用上述的一些字彙和動作，以「追隨領袖」的遊戲開始這堂課。接著，將孩子分為數組，分派各組不同的動物和動作。請孩子從自己的小組中找一個夥伴，兩人試著以不同的方式做出動詞所示意的動作。然後，維持兩人一組，在教室中找個地方並待在那兒靜止不動。現在，他們是森林裡的動物，黎明破曉，新的一天正要開始。播放您在唸故事書時所播放的音樂，在敘述故事時著重動作的部分：

> 當黎明破曉時，第一個離巢而出的是蛇。牠們曲折地移動與滑行，緩慢而安靜地來到了戶外，徐行在森林底層，越過長草與落葉，時而潛到草叢下面，時而環繞樹幹，最後靜靜地、靜靜地回到牠的洞穴。下一個出來冒險的是老鷹……

貼心提醒

- 演員的語彙不但存於台詞，也存於身體。對很多年幼的孩子而言，運用身體表達比起運用字詞來表達容易得多。
- 所表現出的動物樣態不能是過分矯飾或孩子氣的。英國導演 Peter Brook[3] 的劇場製作《眾鳥會議》（*The Conference of Birds*），以及根據美國作家 George Orwell[4]《動物農莊》（*Animal Farm*）所改編的

---

[3] 英國當代劇場表演，曾執導數十齣不同風格形式、劇場語言的作品，不斷藉由空蕩的舞台，變動的觀點，素樸的扮演與即興彰顯劇場藝術的開放性，探索不同個體與異文化的本質與溝通的本能，被譽為二十世紀最具影響力的劇場導演與理論實踐家。

[4] 英國政治諷刺評論作家。代表作《動物農莊》藉由寓言的形式提醒世人，「權力」無論是以何種意識型態結合，一旦確立穩固，長久而來的必定是統治者的墮落與腐敗。

許多表演版本，都是可資參考的作品。然而，僅要求孩子們宛如動物般動作，通常只會使他們落入無益的俗套——在地板上扭曲就成了蛇，而在胳肢窩搔癢就是猴子。具體描繪動作，能使孩子們不致漫不經心地呈現顯而易見的特徵，得以嘗試即興並探索其他表現方式的可能性。

- 對年紀較小的孩子而言，要正確無誤地記憶並重複某些動作主題並不容易。一般而言，小學四年級以上的孩子已經可以達成這個要求，只要給他們一點時間，他們能與夥伴合力想出動作主題並表演出來。教師還可以增加活動的挑戰性，幫助孩子提升動作的質感；舉例來說，可以要求學生變化動作主題的高度；或者根據動物的體型，要求他們加上輕盈或沉重的質感。

八、表現出森林的孩子最痛苦的時光（適合小學二年級以上的孩子）

將孩子大致分為四或五人一組，請他們討論何時是故事中森林的孩子最痛苦的時刻。請孩子們運用自己的肢體創造出這個狀況的**靜像畫面**或**靜態畫面**；提醒孩子，小組中的每一位成員都要置身畫面中，而且這個畫面必須非常清楚地呈現正在發生的事，以及為何對森林的孩子而言會是最痛苦的時刻。讓各組輪流呈現他們的畫面，並且詢問觀眾從畫面中察覺到什麼，而他們又如何能夠知道那是一個痛苦的時刻。

貼心提醒

- 靜像畫面強調的是戲劇如何藉由視覺符號來溝通，它非常有利於孩子學習觀察在戲劇中，人們如何經由空間互動來建構意義。它示範了在戲劇中我們是如何擱置真實運行的時間，讓自己停下來凝視、反思，探察人的種種作為。
- 在孩子創作靜像畫面的同時，教師可到各組走動，詢問或暗示他們要如何做，才能使他們想要表達的意思更為明確——通常只要藉由改變一點點的細節，像是眼神交會或角色之間的距離。
- 情感特質在這樣的靜態圖像中是一個重要的焦點，它突顯出戲劇表演不只涉及思維層次的運作，也涵蓋了情感層次的作用。
- 為使靜像畫面的展示及相關的提問能夠順利進行，並使在同學們注視下的表演者覺得有安全感，建立明確的規則是必要的。教師的職責是確保每一個靜像畫面都是在各組準備好之後才呈現的，並請記得，這裡的重點在於畫面所傳達的意義是否清楚。由教師來引導相關的提問和評論，使孩子們集中在和畫面意義相關的議題上。

變化玩法

在教室戲劇中，靜像畫面是一種非常受歡迎而且富於彈性的教學策略。我們會在接下來的章節提供更多的例子，並在本書最後列出一些與此相關的參考文獻。

九、詢問獵人（適合小學二年級以上的孩子）

將孩子們集合，圍著一張空著的椅子，問問孩子對獵人了解多少。接著問他們，他們認為獵人為什麼打獵，以及他為何對森林的孩子和那個男孩做了哪些事。告訴孩子們，他們馬上可以從獵人身上找到答案。和全班一同準備他們的提問，並向他們說明，您待會兒坐上椅子後就成了獵人，並將維持獵人的身分，直到您起身為止。同時，獵人一定是率先發言者。當您坐下時，採取一種極不友善的身體姿態。給孩子們幾秒鐘時間來研究您的身體語言，然後才對他們說，您沒有太多的時間，請他們趕快發問。您可以適時地回應他們的提問，回答的內容最好能激發孩子們對獵人行為的該或不該表達意見。

貼心提醒

- 這個方法（即**坐針氈**）就教師在戲劇課中扮演不同角色，或是讓孩子適應教師扮演而言，都是最簡單、也最容易掌握的方法。在這個活動中，您不需要改變腔調或改變聲音，您所表現出來的態度才是最重要的。
- 活動的開場白是為了幫助孩子避免問到像「你今年幾歲？」和「你有養狗嗎？」這類的問題。雖然這些問題本身也成立，卻無助於戲劇，因為它們並未集中在戲劇的核心議題上。
- 如果您預先設想希望孩子發問的事項，並想好獵人相關的回答，也就是在表演之前先排練一下的話，將會有助於活動的進行。您提供的答案必須足以激發孩子們情緒，並讓他們持續關心。

- 如果您以反問的方式來回答孩子們的一些問題，像是「那麼，你建議我該怎麼做呢？」將有助於孩子們的語言發展。
- 在扮演獵人時，要避免變得真的脾氣暴躁！如果你大聲吼叫，通常孩子們會以大笑作為防護的手段。
- 這個活動以不超過十分鐘為限，在您覺得適合的時候就可以結束。當您結束活動，起身離開那張椅子，問問孩子對獵人的看法，以及他們之所以這麼想的理由。這麼做可以將虛構的真實和現實生活清楚區分開來。而尤其是年幼的孩子，馬上就討論起剛剛獵人說的話，好像您剛才真的不在場一樣。
- 當孩子們熟悉這種形式之後，便可以開始在全班或小組中擔任坐針氈的角色。

變化玩法

- 坐針氈還可以搭配**牆上的角色**或**地上的角色**的活動來進行。其方式是，先在一張大的白紙上畫出一個人形輪廓。接著，孩子提供他們所知關於獵人的所有事情，並由教師抄寫在輪廓範圍內。至於孩子們想要知道的事項或問題，則書寫在輪廓之外。坐針氈之後，可以再加上孩子們經由坐針氈而額外得知的線索。這些資訊可以用作書寫活動或延伸戲劇活動的輔助資源。
- 與小學高年級的孩子進行這個活動時，您可以更細膩地扮演獵人這個角色。透過肢體語言和說話方式，您可以呈現一個與故事中獵人截然不同的形象，並解釋他們所見的故事其實是不實的陳述。您可以說，身為獵人，您的工作並不討好但卻又是必要的，而且您使用的是人道的方法；您只是試著幫助森林的孩子，並未對她咆哮或傷害她……。如果您希望點出故事中刻板陳述的問題，這將會是一個非常好的方法。

十、舉行動物會議（適合小學二年級以上的孩子）

讓孩子們圍坐成一圈，問他們在這座森林中，除了熊、狼，以及水獺外，還住著哪些動物。將他們的答案寫在一張大紙上，然後問：「誰是森林中最有智慧的動物？」（也許是貓頭鷹或者是獾）請孩子們想一想，如果他們是紙上所列的某一種動物時，森林中的其他動物可能會如何形容他們。必要的話，也討論狼、熊，以及河貍的特質，像是狼是敏捷的或是兇猛的等等。告訴孩子們，他們可以當森林中除了狼、熊和河貍以外的其他任何動物。接著，您自我介紹是貓頭鷹，並說：「大家都知道我是森林中最聰明的動物。」然後繞行孩子們圍坐的圓圈，讓他們輪流用這種方式自我介紹。完成之後，您告訴他們，您召集大家是為了一起討論一個問題。

自從狼、熊，以及河貍開始餵養森林的孩子之後，這是我們第一次聚在一起。此刻，我覺得非常為難。我們曾經教導這個孩子與我們同住，但她終究不是我們的一分子。也許我們應該讓她離開，去和她的同類生活在一起。女孩已經把男孩和獵人都帶進了這座森林。我曾經找她談過，她希望能繼續和我們同住。我們即將違反她的意願，把她送回人類的世界。狼、熊跟河貍當然希望能將她留下，但是牠們是她的密友。你們和女孩沒那麼親近，我希望能夠聽聽你們的意見。

重要的是，在討論中充分地思考問題、提出問題。身為老師，請您別讓孩子輕易做成結論。提出女孩應該離開的所有理由——如人類為森林帶來死亡等等。**不要把這個論壇用以達成決議，運用它來提出一些問題**。當您判斷孩子們已經充分討論時，可以結束這個會議。您可以謝謝動物們分享牠們的意見，告訴牠們，您要離開以仔細思考，再做出最後的決定。接著，您跳脫角色，並詢問孩子們覺得貓頭鷹可能會做什麼樣的決定。

貼心提醒

- 事實上，這個活動為原始故事創造了續篇，也令人聯想到迪士尼卡通版的《森林王子》（*The Jungle Book*）。
- 不同於坐針氈的活動，**正式集會**（或是**入戲集會**）提供孩子擔任角色的機會。同時，如此集中於某個議題的討論，讓孩子們得以設計未來的情節，而不僅止於探究過去發生的事件。
- 儘管孩子們入戲扮演動物，他們其實正在探討一個極其人性的問題，也就是個人究竟該服從團體利益到怎樣的程度？如果所有孩子都希望森林的孩子留下來，而這是非常有可能的，那麼，您必須想辦法讓他們考慮到，這為多數森林動物所帶來的現實威脅。
- 會議的儀式是一種有效的控制手段。身為召集人，您可以決定發言者的順序；詢問個別孩子的想法及其理由；強調一次只能有一個人發言，孩子們必須聆聽彼此的意見；決定何時結束會議。

十一、重溫森林中的聲音（適合小學三年級以上的孩子）

告訴孩子們，正當森林會議進行時，森林的孩子獨自在森林中徘徊，從她有記憶以來，這裡一直是她的家。她知道自己可能很快就會被要求永遠地離開這裡，而當她來到這些熟悉的地方——她戲水的小河，長有美味漿果的矮樹叢，她彷彿聽到空氣中有些聲音告訴她應該留下或者應該離開的理由，或者讓她想起一些在這裡曾做過的事。請孩子們回到之前創作森林音響的組別，只是這一次，他們要輕聲說著女孩在各個森林角落可能聽到的話語。給小組們一些時間發展出可能的內容，並且一起練習。接著，如活動六安排表演。不過，這次您安靜地通過森林，而各小組要在您走近他們的時候，清楚地輕聲低語。

變化玩法

- 這裡的聲音拼貼可以被組織成一種稱之為**良心巷**的形式，也就是將孩子們排成兩列，然後引導一個孩子在眼睛緊閉的情形下通過，聆聽這些不同的聲音在說些什麼。
- 更有挑戰性的方式是讓孩子們先重複在活動六所創作的音樂樂句，然後把低語融入其中。

十二、這個新故事將會如何結束呢？（適合小學四年級以上的孩子）

將孩子分成五人一組，提示他們這個新故事的結局可能是快樂的、悲傷的，或者兼有些許的快樂與悲傷。請孩子們在小組中決定故事的結局，並且將他們的想法表演出來。請您到各組間走動，適時提供協助。當孩子們已經準備好這個部分，請他們準備一齣**短劇**，呈現故事最後的結局。在短劇中，每個人必須至少有一句台詞，但是沒有一個人可以超過兩句話。讓孩子們在指定時間內排練，接著依序演出；對孩子們強調在各組呈現時，不能說與這齣戲無關的話。完成之後，讓孩子們聚在一起，就他們設想出的各種故事結局進行討論。

貼心提醒

- 當孩子們在小組中將他們的想法表演出來時，他們不需要為了讓其他人觀賞而表演。如果是為了讓他人觀賞而表演，就需要有非常清楚的架構以及重點。限定台詞的量能提供這樣的架構，幫助孩子選擇出他們認為最重要的話。
- 讓各組依序呈現，並要求他們保持安靜，能建立並保有戲劇時刻的特殊氛圍，鼓勵孩子們對自己與他人的作品給予尊重。
- 要求孩子們仔細觀賞彼此的作品，然後談談他們喜愛的部分，以及喜愛的理由。這麼做不但可以建立孩子們的自信，也讓他們可以在一個受保護的環境中發展評論的能力。

變化玩法

- 這個活動有明確的框架，應該能避免孩子創作出劇情過於複雜的短劇。但若發生這樣的情形時，您可以要求孩子們從中選取最重要的二十秒來呈現；如果有必要，可以請他們在呈現之後，對全班講述完整、複雜的情節。
- 對較年長的孩子，您可以請他們將腳本寫下來。接著，將各組的腳本交換，讓孩子們挑戰詮釋其他組的文本。在這裡，教師可以介紹劇本寫作的慣例，像是劇本除了採取對話形式，還包含了舞台指示的使用。

計畫戲劇課程：一些基本的考量

與課程設計相關的問題會在第四章做詳細說明，但有一些基本的原則值得在此提醒。如果您想要運用上述的一些活動來設計戲劇課程，必須謹慎地考慮以下問題：

- 活動是否適合孩子的年齡和經驗。
- 您計畫中的控制策略是否清楚，並足以使孩子了解。
- 您選擇的一系列活動是否具有一個清楚、一致的焦點。
- 您所期望的學習成果是否能清楚地陳述。
- 這一系列活動是否提供課堂足夠的節奏、多樣性以及流暢度。

前兩項涉及適切性和班級經營，是構成整體戲劇課不可或缺的原則；至於涉及活動焦點、學習成果，以及課堂節奏的原則，在我們進到下兩章檢視戲劇課程在整個小學階段與跨課程的應用前，有必要做更深入的探討。現在試想您將以《森林的孩子》進行主題教學，並計畫利用五十分鐘的戲劇課時間，在學校禮堂對四年級的孩子介紹這個故事。您可以運用上述的頭五個活動來組織這堂課的架構，亦即**鑰匙保管員**的遊戲、故事預告、閱讀故事、演出故事與製作故事地圖。這些是孩子們自己比較少接觸到的活動。

戲劇課的焦點通常在探討一個議題或關乎人性的關鍵問題。舉例來說，通過森林的孩子的特殊處境，森林動物的集會其實探討了一個更普遍的問題，即團體究竟能容許差異到什麼地步。此類關鍵的問題以及課程設計的議題，將在第四章中一併詳細討論。但是，上段所述的課堂活動並未環繞某個中心議題，它的重點在通過介紹《森林的孩子》的故事，引發孩子們的興趣，並讓他們徹底了解故事的內容，為之後探究議題打下基礎。同時，因為孩子們尚未熟悉戲劇，您將發現像演出故事這樣的活動能引導孩子初步探索肢體表演的可能性。因此，我們發現戲劇課具有雙重焦點，一個關乎內容（與故事相關）；另一個則關於技巧和形式（與戲劇的媒介相關）。技巧和形式與孩子們在戲劇課中的創作和表演直接相關。第七章將完整審視戲劇課程可能涵蓋了哪些技巧和形式。

這種雙重焦點反映了多數的戲劇課程特徵，而最重要的是，在您所列的**預期學習成果**中，應該明顯表現出對內容和技巧／形式的雙重考量。像這樣清楚陳述預期學習成果，應該也是您課程設計中重要的一環，措詞明確將有助於確認這些目標是可以達成的。如此一來，在課堂結束時，您將能判斷孩子們達成了多少您預期的學習成果。因此，我們可以設想這堂介紹性課程的預期學習成果包含了：

在課程結束時，孩子們將——

- 能夠說出故事中角色的名字，並解釋他們在劇情中的作用。
- 能知道故事中事件發生的順序。
- 能了解故事發生的地理空間。
- 已探索在戲劇中能如何運用身體來說故事。

像這樣列出目標將有助於您釐清教學的方式。舉例來說，現在很清楚的是，當孩子們在進行故事地圖的活動時，您必須到各組走動，幫助不了解故事所在環境的孩子，並注意有哪些孩子已經了解，哪些孩子又需要從旁指導。您還得列入考慮的是，如何在課堂結束時，很快地評估孩子是否達成理解角色和理解事件的兩個目標。您可以將孩子們圍成一個圓圈，詢問他們：「在故事中，誰幫助過森林的孩子？是如何幫助她的？誰傷害過森林的小孩？是如何傷害她的？」然後，隨機打開繪本，要孩子們解釋在插圖中看到了哪些角色；當時發生了什麼事；有誰知道在繪本的前一頁發生什麼事了，下一頁又將發生什麼事？諸如此類。這類活動可以幫助孩子在進一步探索故事內容前，加深對故事的印象。

在上列目標中，最後一項（已探索在戲劇中能如何運用身體來說故事）的目的在介紹孩子一種活動的方式，其成果必然是比較不容易評定的。不過，孩子在呈現時，究竟是充滿自信或是不情願的，相對而言是熟練並富於技巧的，或是不熟練又無需技巧的，仍然顯而易見。當您進行學習成果評量時，對應這些預期目標，將使您能夠有系統地觀察有哪些是您未來設計課程時，可以針對孩子們的能力和潛能而進行調整的。

為了要在課堂中滿足*節奏*、*多樣性*以及*流暢度*的原則，您必須考慮每一個活動要求的是何種參與度——是讓孩子們*靜下來*，要求他們順從、專注、安靜和靜止的；或者是讓孩子*動起來*，要求行動、能量、交談和移動的。您不妨畫一條線，線的兩端分別是讓孩子靜下來與讓孩子動起來，然後依據不同活動要求的參與度，為它們在課堂中安排適當的位置。課堂的節奏取決於活動排列組合的方式。而我們發現一個成功圓滿的課堂，在活動安排上，不時在「讓孩子動起來」或「讓孩子靜下來」之間變換，也創造出在肢體、智性和語文上等不同需求的節奏。

1. **鑰匙保管員**兼具「讓孩子靜下來」以及「讓孩子動起來」的時刻，不過，這個活動多數時候是要求大多數的孩子，在活動過程中幾乎要做到無聲以及靜止不動。
2. 故事預告和閱讀故事要求安靜、靜止不動以及專注。
3. 故事演出要求能量和活動，包容吵鬧和歡笑。
4. 製作故事地圖需要交談、小量的活動（繪畫），同時容許有限度的移動。
5. 尾聲要求專注以及回答問題的意願。

如果我們以這種方式仔細考慮所計畫的活動順序，很容易就發現在前幾個活動讓孩子們坐在地上並維持專注的時間太長，造成了課堂節奏不均衡的狀況。您可以在進行**鑰匙保管員**的遊戲之前，用一個更活潑的暖身活動來開始這節課；或者您也可以考慮如何在活動一（鑰匙保管員）和活動二（預告故事）之間提供節奏上的變化。比方說，在鑰匙保管員的遊戲結束時，您可以請孩子們想想他們曾經想像自己是哪一種森林動物。您可以接著敘述「動物們返回牠們的洞穴」，讓孩子們節制、安靜地移動，在老師座椅前方的一塊特定區域中找到各自的洞穴坐定位。當孩子們安頓妥當，也就準備好聽故事了。這樣一來，您不但可能改善這堂課的整體節奏，也在一開始的遊戲當中，為故事建構了想像的情境脈絡。

第三章

從小開始玩戲劇

一位七歲的女孩和她四歲的弟弟才剛剛和他們的父母經歷了令人反感的找房子事務。在這樣冗長乏味、一間接著一間的看屋過程中，所有的房屋看起來好像都能滿足孩子的需要，他們開始覺得無聊、急躁，並且困惑。然而，回到家後，在現在居住的客廳，父母無意中聽到孩子們在玩耍時模仿大人的一段對話。女孩說：「這是客廳。在這裡您可以看到我們有暖氣設備，電源插座就在正下方。」「是的，」男孩回答：「我喜歡這棟房子。」

教師與家長相當熟悉年幼孩子這種扮家家酒遊戲。孩子們看過一間接著一間的房子，從令他們茫然困惑的行為中吸取經驗，並且重新制定角色於一種可以自己駕馭和探索的形式中。玩「買房子」的扮家家酒遊戲時，他們假裝自己的房子（空間）是陌生的，而且是不同的，他們是其他的人，行為發生在未具體說明但絕非現在的時間。他們在「遊戲」持續的過程中保持這些假裝，但是頻繁地中斷與暫停這個遊戲，彼此提醒或協商接下來要進行的遊戲內容：「你問問我這房子有多少房間？」或「讓我們假裝這個庭院中有幾匹馬。」我們在前言中所探究的戲劇原理，在這種扮家家酒遊戲中得到完全體現：許多（但是絕對不是全部的）孩子在開始學校生活時，就知道如何掌控時間、空間和人物，以創造並扮演一個意義深遠且令人快樂的故事。

假裝花園中有馬匹是一個很重要的起點。就像找房子的真實狀況一樣，扮演房屋仲介者很快就會讓孩子覺得無聊，不過，發現馬匹為孩子編造的故事提供了新穎且令人興奮的潛在可能。這些馬匹很可能需要被照顧、牠們可能是從一個殘酷的主人手中逃出、牠們或許會說話、牠們可能擁有神奇的魔力——突然之間，這個遊戲的故事看起來好像會愈來愈有趣。

許多幼教教師已經認可這類扮家家酒遊戲（亦可稱之為「假裝」、「想像的」或是「幻想的」遊戲）的價值。在許多教室中，有為這樣的扮家家酒遊戲而設置的區域。它可能被設置為「娃娃家」（home corner）或被設置成為其他形式的場地，通常與這個教室中正在進行的主題相關。如果現在正在進行的主題是「食物」，這個區域可能會被設置成一家「咖啡館」；如果是「衣服」的主題，則有洗衣店；如果主題是「我們自己」，則有可能會是「健康中心」或「醫院」。很有趣的是，我們把教室裡的戲劇與其他更廣泛的文化表現形式相聯繫，就會注意到這樣的空間，如：咖啡館、洗衣店、酒吧，所有這些提供人們會面、交談，以及他們表現自己生活的地方，在肥皂劇中以及其他的電視戲劇節目中是多麼重要。

身為一位幼教老師，您可能曾經嘗試好好地以這樣的方式去開發戲劇的潛能，但卻可能遇到兩個相關聯的問題。第一是最初建立商店或者是咖啡館的的興致似乎很快就減退了，這個空間變得很少被運用，而您可能會因為在這裡進行的戲劇沒有好的品質而失望。第二個問題可能來自於孩子們為自己創作的故事。例如，在某些於遊戲區玩耍孩子的教唆下，被設定為咖啡館的區域可能遭到非法入侵。接著發生的「捉強盜」遊戲，毋庸置疑地將會讓參與者非常興奮，但是，這也幾乎肯定會妨礙到其他的學生，這樣一來，將與這個空間原本是被預期支持的「食物」主題脫離。這樣的說明並不是意味著孩子們自己編的故事不重要或者毫無價值，但是我們認識到，教師必須有清楚的教學目標與成果，負責並掌控孩子的學習。事先的計畫是可以使之明確，而且能幫助確認孩子的扮家家酒遊戲具有結構性而且意義深遠。

為想像遊戲制定計畫

我們在前言中略述的第二項戲劇原理，是關於運用故事來探索人類重要性的相關議題。這個原理在孩子的想像性遊戲中通常是明顯的，不過，孩子們會力求盡興，為自己決定故事的發展方向、議題以及主題。對身為教師的您而言，挑戰在於如何規劃這個區域的空間和資源利用，以能引起並激發出與您為班級所確立的學習主題息息相關的故事與活動。

圖 3.1 中提示了一些計畫想像遊戲區時可考慮的方向。

一、學習的目標／機會

教師必須很清楚他們為孩子設定的學習目標以及預期成果。為符合國定課程所需，您也許已經具備非常專精的技巧、知識和理解力，並且被期望在教學中發展它們。將想像遊戲融入孩子們的經驗是一種重要的方式；在這方式中，您能夠提供學生一個逼真、切合人類生存的學習情境，讓學習變得有趣和有意義。但是您必須非常清楚自己的教學目標，並且需要一些能顯示出教學目標達成的工具。下文有關於預期孩子學習成果的陳述方式，將有助於扮演遊戲區域的整體目的聚焦，並導引有關該區域用途和發展動向的決議。學習方向一旦確定，便能立即產生一個建立扮演遊戲區域的適當想法，而困難但也經常有幫助的是界定關乎人的情境脈絡，其中包含了所需要的技能、知識以

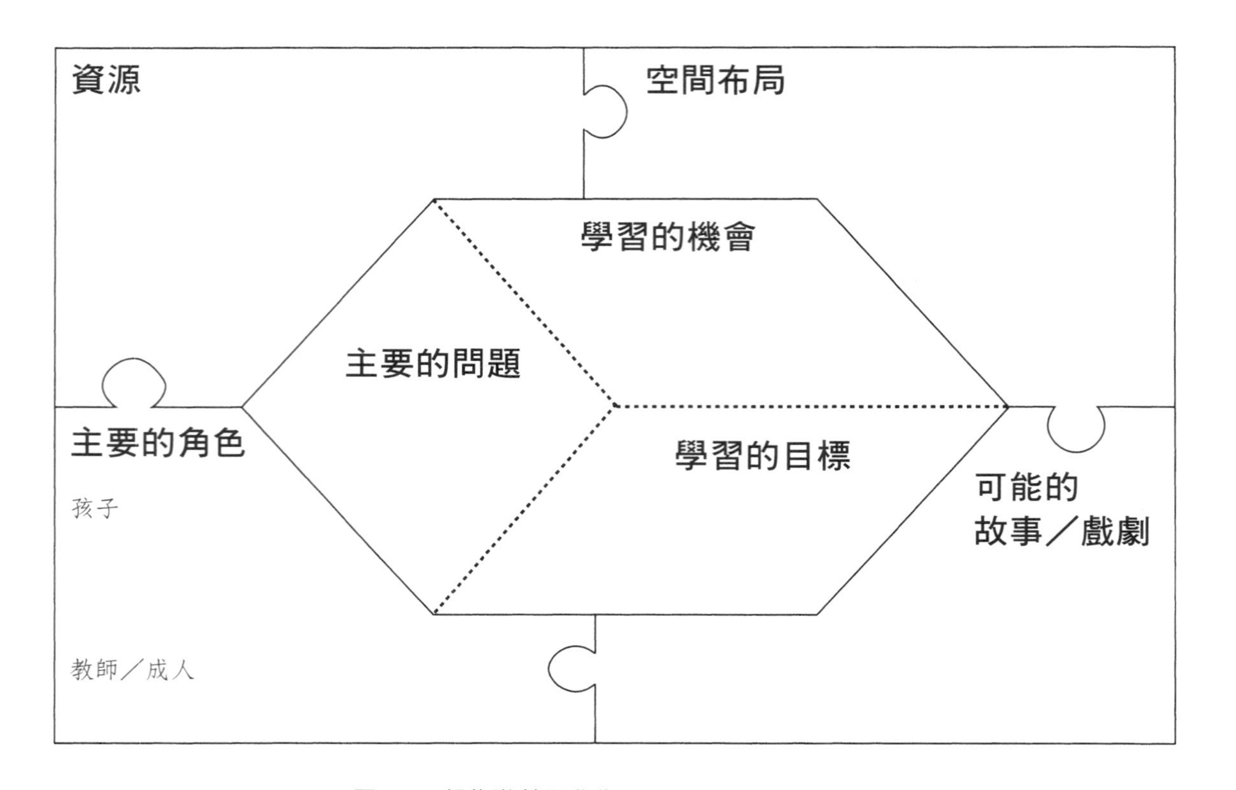

圖 3.1 想像遊戲區作為＿＿＿＿＿＿

及理解力。舉例來說，課程可能要求孩子了解許多地理區域和它們的特色。在真實世界中，誰有必要知道這方面的所有知識？一位飛行員？一位探險家？或者是一位旅行社仲介？每一個事件背景將提供一個點子，建議可以如何建立想像遊戲區。

二、資源以及空間布局

一旦決定好想像遊戲區要作為何種場所後，我們就可以開始規劃更細節的事務。在這個階段，您可以和您的班級一同計畫——他們對如何佈置這個區域以及哪些東西應該包含在其中，會有什麼意見呢？這樣不僅僅是讓他們從一開始就覺得自己對該區域有所有權和投資，這樣做也可以幫助他們確定這個區域盡可能逼真，與他們自身的經驗一致。例如，孩子們在設計建立醫院的候診室時，建議它需要有一台飲料機並提供一些雜誌——他們把最能夠表現自己對這些場所經驗的物品包含進來。

三、主要的角色

當孩子們進入這區域開始扮演時，他們會扮演誰呢？什麼樣的人是我們可能期待在這個地方發現的，而他們會在那裡做些什麼事呢？除非孩子與教師從一開始就非常清楚這一點，否則這個區域將會失去其目的性與吸引力。一如確認孩子們要扮演的角色，思考教師或其他成人扮演的角色也是相當重要的。如果教師參與並擔任遊戲中主動的角色，他們會是誰呢？他們的存在與介入又將如何改變與發展孩子的點子呢？在一個設置為健康中心的區域中，一位成人也許可以擔任病人的角色，這位病人對於看醫生感到既緊張又害怕。這樣形式的介入，能夠要求孩子更深入地思考他們在扮演醫生、護士，以及其他職員時的行為表現，並且開始安撫這位「緊張的病患」。藉由在扮演遊戲中擔任一個主動的角色，成人賦予該區域一個更重要的地位——這個區域不僅僅是孩子們完成「適當工作」後可以玩耍的地方，它也將是一個令人興奮的地方，因為許多有趣的事情會在那裡發生。

四、可能的故事／戲劇

想像遊戲區一旦設置妥當，就可以開始戲劇活動了。一開始的時候，孩子們需要在遊戲區中「自由扮演」的機會，嘗試適合空間設定的各種角色與行為。不過，就像我們在前言中強調的，戲劇不應該是無聊的，想像遊戲區亦然。當每一個人都開過處方、分類過要清洗的衣物，或者是供應過一杯杯數不清的茶，接下來還有什麼呢？怎樣才能保持並且發展孩子的興趣與熱情，讓他們有更深刻的領會呢？我們需要從某種角度來介紹問題、戲劇張力以及驚奇。

在一個想像遊戲區已經被設置為咖啡館的教室中，教師入戲扮演一位社區裡的老人，她將咖啡館作為和朋友們碰面以及聊天的地方。孩子們已經見過這個角色（運用**坐針氈**的方式），在扮家家酒中，也見到她走進咖啡館購買食物與飲料，和那兒的人們聊天。有一天早晨，教師告訴孩子們，咖啡館裡的人們感到擔心，因為他們已經好幾天沒有見到這位朋友了。這戲劇的懸念正被提升：孩子們在這個故事中遇到一個難題，而經由他們在戲劇中的行動，可以達成令人滿意的結局。

五、開放式戲劇活動

圖 3.2 中說明一位教師如何將想像遊戲區規劃成一間咖啡館。一個持續會在想像遊戲區產生的問題是，在那兒發生的事通常是有趣、令人興奮的，但有時卻也是吵吵鬧鬧的。如果它只是教室眾多活動中的其中一項，很可能會產生喧賓奪主以及使孩子們分心的危險。有一種可能的解決辦法，尤其是當您希望介紹一些新的問題或是緊張情況時，那就是開放這個區域，允許每一個人都能看到這裡發生的事情。在老人前來咖啡館的例子中，孩子們才剛剛結束與這個角色的會面（坐針氈），接著他們被邀請看看她走進咖啡館時，會發生什麼事。二、三個孩子被邀請扮演廚師以及送餐飲的侍者，另有若干孩子擔任其他的顧客。然後，班上的其他孩子被邀請觀看**教師入戲**扮演老人，走進咖啡館，坐下，接受侍者服務，和店員以及其他顧客說話。

這種方式和傳統劇場之間的相似處是顯而易見的。這個想像遊戲區的開放已經成為行動發生的「場景」，而其餘孩子擔任的「觀眾」形成空間中的「第四面牆」，觀看著「演員」。這種方法的優點在於讓每個人都可以看到、聽到正在發生的事情，並且有機會在表演之後發表意見：孩子得以開始培養他們對戲劇活動進行分析和評論的能力。

在咖啡館的例子中，也可能開放整個區域，讓整間教室成為其中的一部分。這樣每一個人都可以在故事開展的同時也參與其中。這樣做最適當的時機，會是在咖啡館的店員與顧客發現老人已經好幾天沒有來這裡時。之後，他們可以全班進行討論，並且計畫接下來他們要做什麼。現在，故事要依他們共同的決定以及集體的表演而開展。為

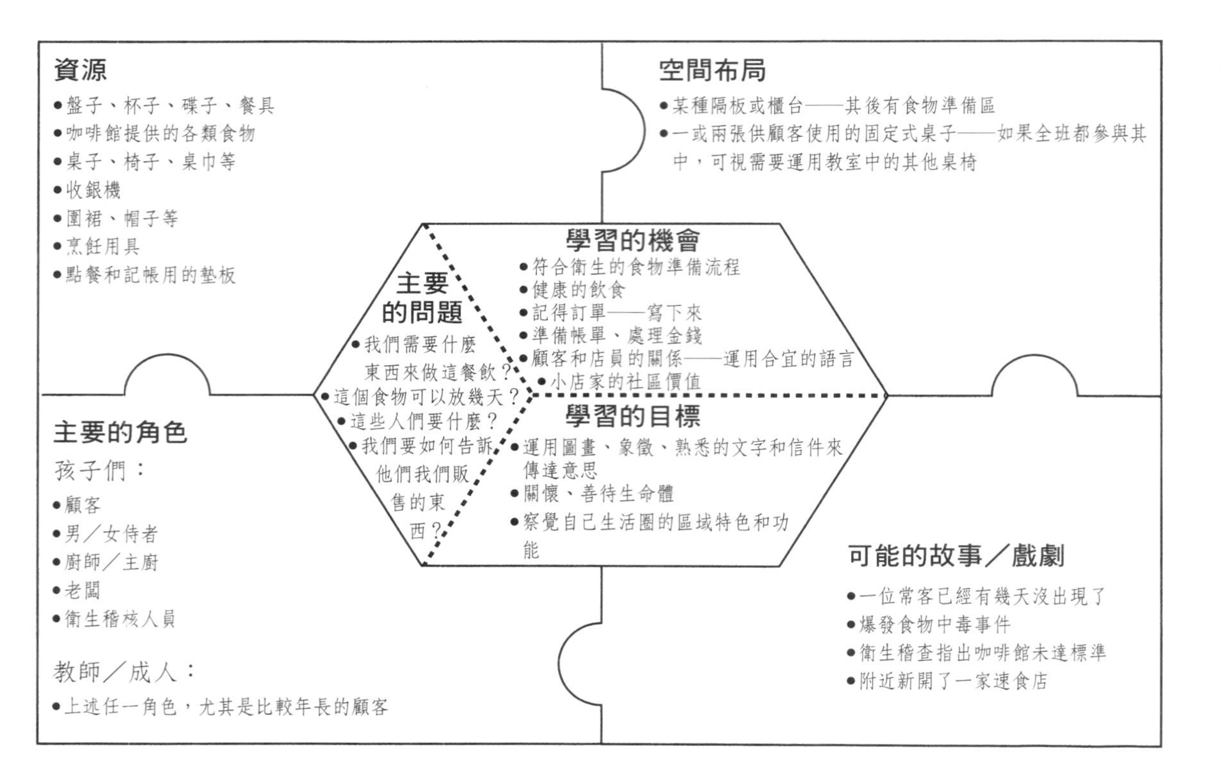

圖 3.2　將想像遊戲區作為咖啡館

了讓孩子們由此發展他們的創作，我們必須透過一些方法來協商下一步要如何架構和組織劇情，並且將劇情引導至令人滿意的結局。在一個例子中，孩子們決議他們應該去拜訪那位老婦人，看看她是否安然無恙。當孩子們到老婦人家拜訪時，教師再度入戲：她生病了，而且無法出門。孩子們請醫生前來探望，當然還帶來了許多食物以及飲料。在這個故事的結尾中，老婦人已經康復，回到咖啡館，感謝大家對她的關懷與幫助。

在這個例子中，戲劇產生於孩子們所創造出來的咖啡館扮家家酒。咖啡館及其顧客的正常作息，由於其中一位顧客有好幾天沒有出現而被打亂，而這個「問題」經由孩子們扮演咖啡館的店員以及顧客而獲得解決。這個故事完全根植於孩子們自己的扮演活動，但是教師的介入激發他們遵循特定的途徑發展。這位教師也和孩子們群策群力，賦予作品形式以及架構：計畫著可以如何規劃空間；視需要扮演積極的角色；並且幫助孩子們將討論聚焦於故事本身及後續發展的討論上。當故事繼續發展，它變成是大家共享並且一同參與創造的。像這樣的活動儘管顯然根源於也被認為是孩子的扮家家酒，卻有許多如前言中略述過的戲劇特徵。對於教師以及孩子們來說，它是一個很好的起點。

接下來的圖表提供了進一步的例子，說明教師們如何因應不同用途（像是洗衣店、健康中心以及森林）來規劃想像遊戲區。在圖 3.3 至圖 3.5 中，在主要學習的區塊留白，讓您就它們會是由哪幾點構成的，提出自己的想法。

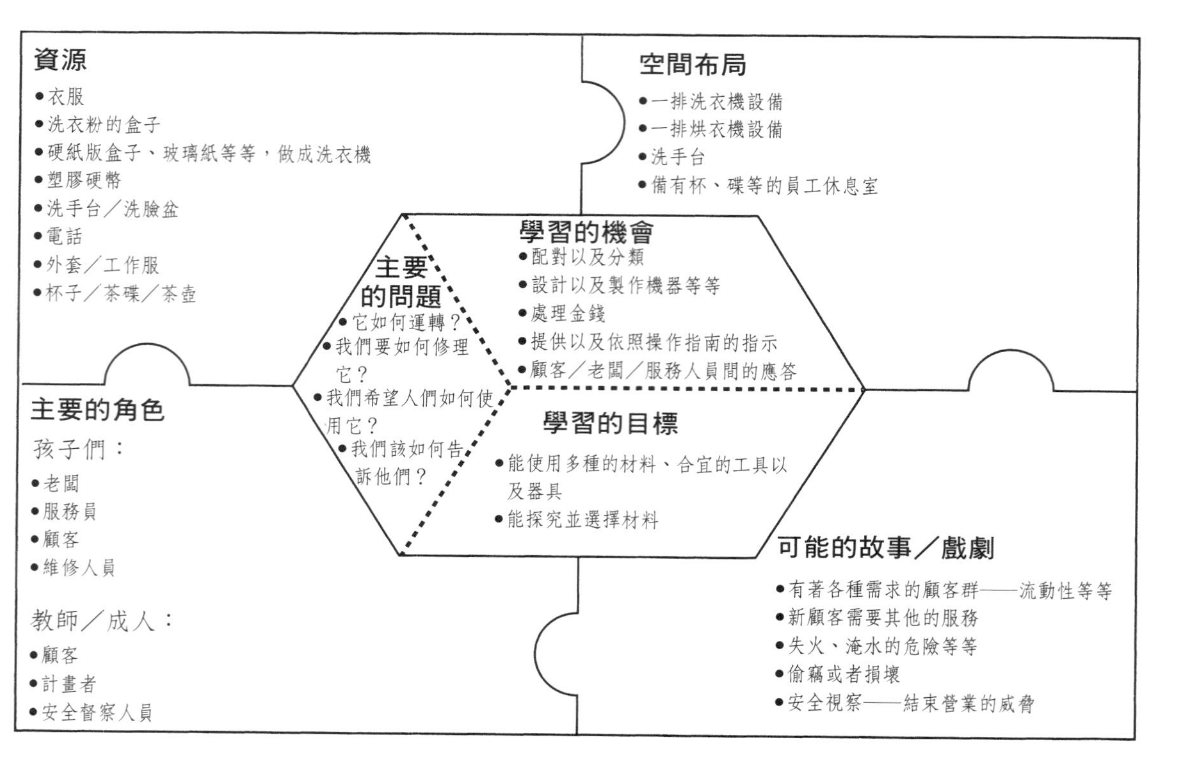

圖 3.3　想像遊戲區作為洗衣店

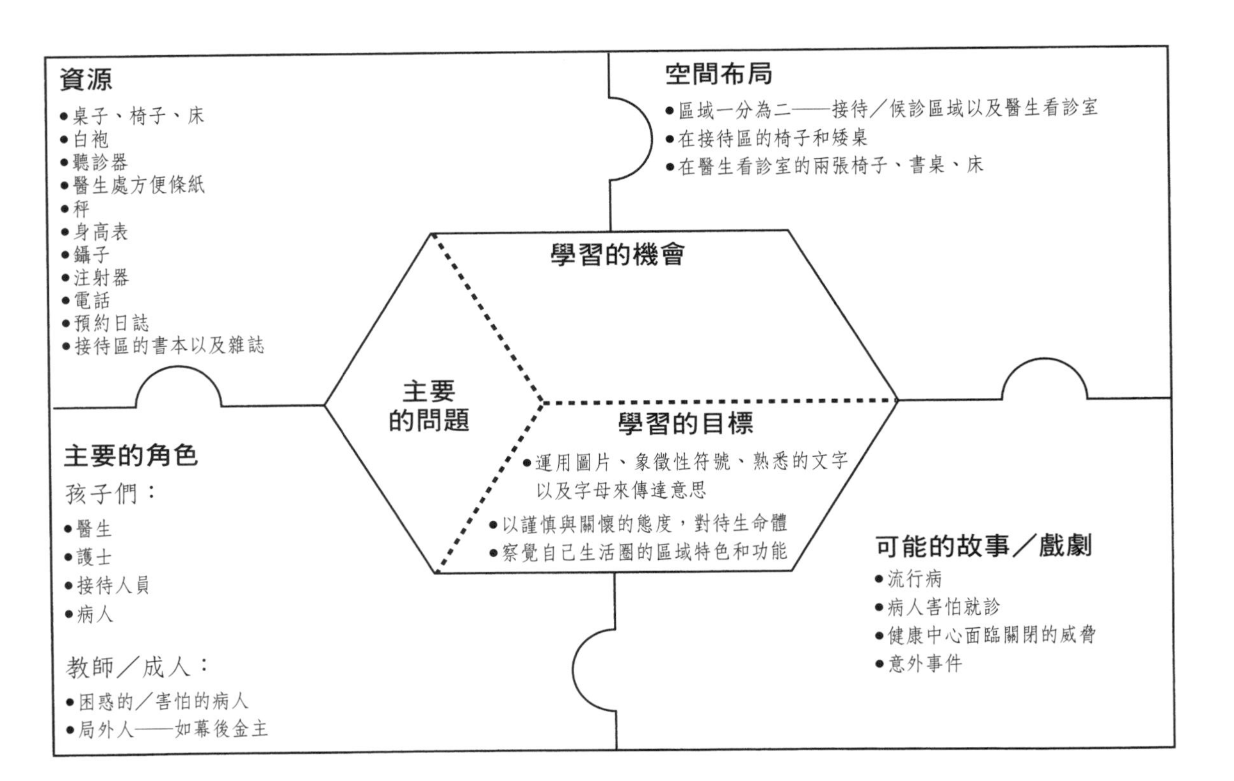

圖 3.4　想像遊戲區作為健康中心

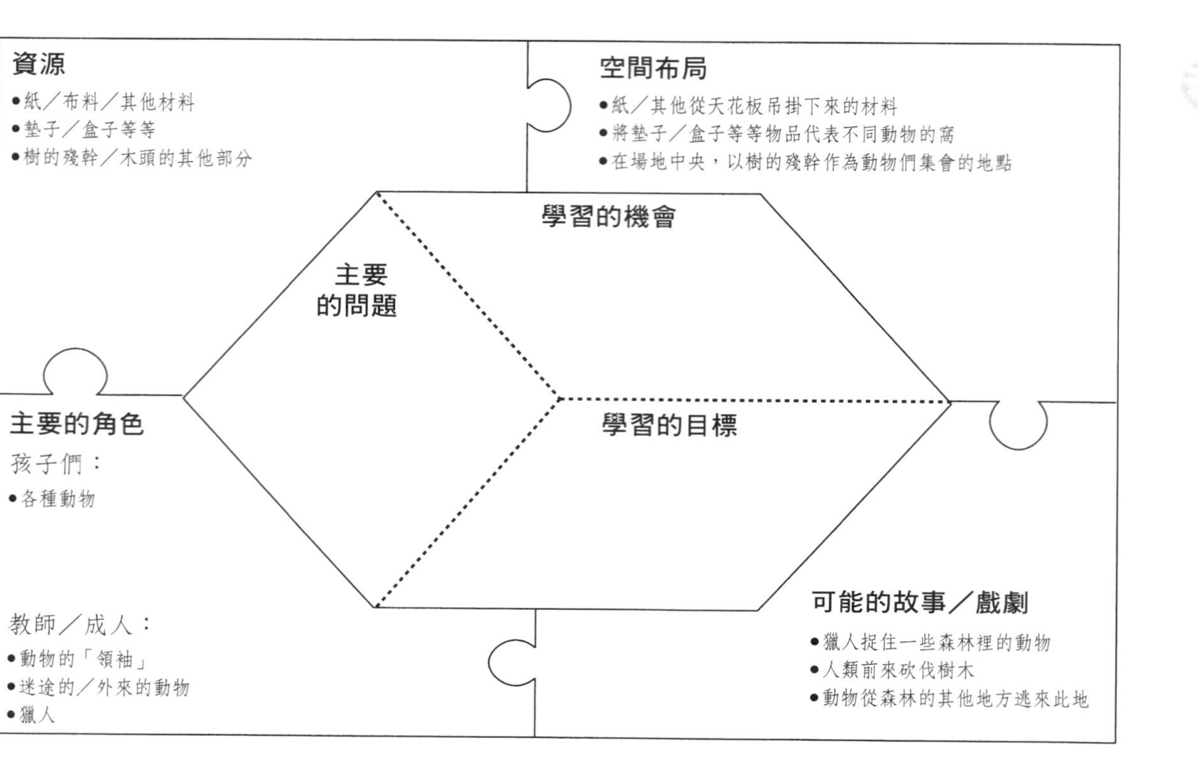

圖 3.5　想像遊戲區作為森林

在幼兒時期進行的戲劇課程

本章截至目前為止所談的想像遊戲以及與它關聯的故事，通常是幼兒教室中一系列活動的一部分。或許有些時候是整個班級共同參與同一個故事，但是也有非常多孩子們自己編製的小故事，這其中有許多是沒有任何成年人參與的。當我們想到「戲劇課」時，我們傾向於想到一個「較大的故事」，在這個故事中，整個班級的學生都可以在其中擔任一個活躍的角色。我們已經在第二章說明故事書能夠如何為戲劇提供一個好的起點，而《森林的孩子》確實適合六到七歲的孩子。然而，下一個例子展示的是如何能夠從起草策劃以至完成一個作品。

一、決定內容

這個戲劇是為一班五、六歲的孩子所設計的，他們已經進行過「玩具」的主題，但是，到目前為止已經完成的工作，大部分是建立在玩具的工藝、構造和它們如何運轉的基礎上。我們很想進入的領域是「特別的」或者是「最喜愛的」玩具——許多孩子若沒有那些玩具，便無法入睡。我們想要探討：是什麼讓這些玩具在這方面變得特別。這個班級還有一個對於很多教師與孩子來說熟悉的問題，那就是有少數被孤立的孩子和其他同學合不來。如果可能的話，這個戲劇活動也將處理這個問題。

貼心提醒

- 當我們試想這個戲劇的內容，很重要的是，想一想孩子對於這個主題的認識有多深。「玩具」通常被選擇為一個主題，因為它能夠提供孩子勞作的機會，但是，這個戲劇將集中注意於許多孩子把人類性格以及特徵投射在他們的玩具上。
- 思考孩子們對於您為他們選擇的戲劇內容可能擁有多少相關經驗，也是很重要的。在以下的範例中，即使戲劇會更進一步擴展他們的經驗，孩子們擁有相關內容的先備經驗仍是必要的。

二、起點

戲劇活動一開始，讓孩子們圍坐成一個圓圈：他們剛才已經完成在第一章討論過的一或兩個遊戲。教師位於圓圈中央，在她的正前方攤開一條被子以及一個枕頭，上頭的圖案示意出這是屬於某個孩子的。她還在床上放了一個大的泰迪熊玩偶。孩子們被要求注視這樣的畫面，並說一說它表示什麼。像這樣簡單地運用道具，能顯示一些關於故事的重要事件，這事件或許即將在這空間發生。孩子們被鼓勵用我們在劇院看戲劇場景的方式，注視並且「閱讀」這個畫面。孩子們也被邀請為這個孩子以及泰迪熊玩偶命名。接著，這位教師告訴孩子們，她即將變成床上的那位小孩，而他們將會有機會和她說話，發現更多有關這個故事的事情。

教師進入那位孩子的角色，坐在床上，並且回答孩子們的問題。經由她的回答，孩子們得知她和泰迪熊說話——它是她一個非常好的朋友，所以她可以告訴它任何事情。她也表示，她懷疑當她睡覺時，這個泰迪熊會活過來：因為每當她起床的時候，它的位置和她入睡時所見到的位置沒有一次是一樣的。孩子們或許會發現更多關於這個孩子以及她的泰迪熊的事，然而，這些也正是教師必須被孩子接受、讓孩子理解的關鍵。

貼心提醒

- 當我們要為這位孩子選擇一個名字時，從頭幾個提案中挑選——我們不希望耗費整堂課的時間爭論這個問題。
- 就像在第二章中詢問獵人的例子，在問題被詢問之前，值得花一些時間談論，否則，教師將發現她自己處於一種令人不舒服的沉默中。預先和孩子們一起準備一些問題，可以幫助接下來的活動設立並保持其進度，但在活動進行中，又不會阻止孩子們詢問更深入、自發性的問題。
- 建立並且維持戲劇慣例是重要的，這戲劇慣例就是當教師坐在床上時，就是在扮演孩子的角色，但是當她從床上站起後，便回到教師的角色——以這樣的方式，她知道自己可以隨時停止孩子們的提問，討論剛才說過哪些事，並概括這發展中故事的重點。

三、孩子的角色

現在故事的來龍去脈已經確定了，不過，孩子們必須盡快積極參與其中。這位教師已暗示出在這位小孩睡覺時，泰迪熊擁有屬於自己的生命。從「當女孩睡著時，所有在女孩房間中的玩具都變成有生命的」這樣的概念開始進行，給予了所有孩子扮演其他玩具角色的可能性。教師詢問一些有關於其他玩具可能是哪些東西的建議。當孩子提供建議時，讓她選出三或四位其他孩子，一起扮演同樣的玩具。

貼心提醒

- 重要的是，必須確認孩子們要扮演的那些玩具是能夠被賦予生命的——如果有一位孩子提出在臥室中有玩具車，詢問他們是否能夠扮演**司機**，而不是車子本身——他們才能在此戲劇中扮演一個完整的角色。在任何戲劇活動中，您必須確認孩子們為自己挑選的角色不會在接下來的戲劇活動中置身事外。
- 當每一組玩具集合好後，教師可以提供一體操軟墊，假裝它是一個裝這些玩具的「盒子」。這是一個非常重要的安排，因為它能夠使這個空間有條理，並能使孩子們明確知道他們的「盒子」或基地在哪裡——玩具能被要求回到他們的盒子，以便暫停正在發展的戲劇活動，展開討論，甚至重新設定主題。
- 孩子們在教師所制定的明確限制下，為自己決定了想扮演的玩具角色。他們已經能夠感受到他們在戲劇活動的發展過程中擁有一些主導權，並發揮影響力。

四、扮演角色

孩子們現在需要一些時間來建立他們所挑選的玩具角色，他們也需要起身動一動。教師可以運用一些簡單的提示，讓這些玩具活起來：「當我數到三……」或「當我拍手的時候……」但如果孩子們將這個活動視為一種遊戲來玩，這個活動仍須按照故事的邏輯進行。教師坐在床上，當她躺下並且「睡著時」，玩具們可以變成有生命的、四處活動，並且互相說話；但是，如果她「醒來了」，玩具們就要盡可能輕巧迅速地回到他們的玩具箱中。任何一個這樣的活動，就像是一二三木頭人（Grandmother's Footsteps）般，本身富於樂趣而且非常好玩，但也允許孩子們開始和所扮演的玩具角色開始磨合，相信這個故事。

五、教師的角色

教師扮演故事中那位孩子的角色，而孩子們則將自己塑造為在她房間中的玩具。不過，這兩個故事將會保持各自獨立，因為玩具們只有在那位孩子睡著時才會活過來。此戲劇活動持續進行的關鍵，在於教師在孩子的角色和泰迪熊的角色間轉換。她告訴孩子們，從現在開始，泰迪熊將代表那位在床上睡覺的孩子，而教師將扮演泰迪熊的角色。這使教師與孩子在同一個故事中，並且一同發展故事。他們現在都是藉由一些神祕的魔法，可以在晚上變成有生命的玩具。孩子們從每日的、世俗的生活，轉進到另一個平時未知的世界，此時戲劇張力開始上升。

六、推進故事

孩子們現在需要一個不同的提示，讓玩具們活過來。在他們活動的大廳有垂下拖曳的窗簾——通常非常適合在這個階段放下窗簾，因為它能幫助我們集中注意力於正在活動的這個空間中，並且限制教室外面導致分散注意力的干擾。而教師只不過是將燈（或部分的燈）關掉，便示意出現在是夜晚，而玩具們可以活過來。正如燈光變換在劇場的效用，如此簡單運用燈光能夠有效轉換氣氛，增加神祕感與戲劇張力。

隨著燈光暗了下來，教師開始扮演泰迪熊的角色，並且將其他的玩具都召集過來：她非常需要跟他們談一談。她以一種講悄悄話的方式說話，因為她擔心可能會吵醒那位孩子。這時的氣氛和幾分鐘前玩遊戲時非常不同。她提醒玩具們，那位孩子在每天晚上睡覺前都會和她說話。她很擔心，因為這位孩子好像很不開心——她曾經說過，她不喜歡去學校，她沒有朋友，而且有一些孩子對她不友善。泰迪熊對這情形感到非常意外，「因為她總是對我們如此親切友善。」其他的玩具們被要求談談各自的想法。他們也只能以這樣講悄悄話的方式說話，並且一次只能有一個玩具說話，大家才能都聽得到。

貼心提醒

- 要求玩具們以講悄悄話的方式說話，進一步增加了戲劇張力。講悄悄話也暗示了泰迪熊可能要向他們吐露祕密——像這樣簡單的更改聲調，通常是比採用口音更具效果（並且是更容易的）。
- 一次僅由一位參與者發表而且不大聲嚷著說出，這是教師們常常採行並且鼓勵孩子們遵守的規定。不過，這裡不同的是，保持安靜的需要是來自於故事：如果您覺得現場變得愈來愈吵並且有一點失去控制，您可以從泰迪熊的角色，強烈要求大家保持安靜，以免將那位孩子吵醒。

七、聯結孩子們的想法

當玩具們談論著泰迪熊告訴他們的情形時，他們開始對於問題可能的核心點提出想法。為了提供建議，他們利用自己在學校、與朋友們相處和友好的相關經驗。不過，他們這麼做的同時，可以跟他們的日常生活保持一段距離，這點很重要。畢竟這只是我們共同編造的一個故事。而雖然這只是一個故事，卻讓人感覺很真實，孩子們很快就想要開始對於問題提出可行的解決辦法。

當這些玩具談論時，有一個玩具建議，他們應該都跟這個孩子到學校去，如此，他們可以查明究竟發生了什麼事。所有的玩具可以爬進孩子的書包，然後跟著她去學校。這時，扮演泰迪熊的老師指出這個方法不可行——這個孩子一定會發現書包變重許多——我們只能派其中的一位，讓他找出原因，並在明天晚上回來向大家報告。必然地，很多玩具會自願擔當這個任務，但是，扮演泰迪熊的這位老師挑選一位孩子，是她希望在這戲劇活動中賦予特別地位者，他不是「最優秀的」，而是老師覺得他能夠從扮演這個較高地位的角色中受益。

貼心提醒

- 有一些孩子們提供的建議，也許對教師來說會造成非常特殊的挑戰：一個玩具兵可能會大聲發表意見，提到他和他的朋友有槍，可以去射殺那些學校裡不友善的孩子。處理這種建議的祕訣是從故事本身著手：是泰迪熊而不是教師需要質疑這樣做是否明智、是否合乎道德。重要的是我們也要記住，是玩具兵而不是那位孩子，提出那樣的建議。

- 許多教師，尤其是剛開始接觸戲劇的教師，很擔心他們無法「站在孩子的立場上」快速地處理孩子們的想法與建議，特別在當孩子們快速且大量提出他們自己的想法的時候。事實上，教師們通常會驚喜於自己是如何對孩子們的提議做出反應和回應。不過，值得認識的是「抽身」的方法。在這個例子中，泰迪熊只需告訴其他的玩具，那孩子已經快要起床了，而且他們必須回到他們的玩具箱中，就可以亮燈，暫時中止戲劇活動，如果必要的話，可以將戲劇活動延至下一堂課，這樣您就有足夠的時間整理您的想法。

八、敘述的重要

一旦前往學校的建議被提出並且被大家接受，戲劇情節便需要從孩子的房間移開。除了一位孩子，其他扮演玩具角色的孩子們不能成為接下來情節的一部分，儘管那是故事中重要的一環，因此，教師敘述接下來發生的故事：

> 在那位孩子醒過來之前，那個小玩具躡手躡腳地走下樓梯，朝著孩子的書包方向前進，並且小心翼翼地爬進書包，藏在書包底部，這樣一來就不會被注意到。到學校的路程顛簸顛簸的，當她到那裡的時候，書包被掛進儲物櫃。她等到四周都安靜了下來，才小心地從書包中爬出來。沒有人看到她，但是她看到那一天在學校發生的一切。一天結束後，她爬回書包並回到家。夜晚來臨，當燈光暗了下來的時候，其他的

玩具們迫不及待地想聽聽她要說些什麼。

燈光暗了下來，這些玩具們變成有生命的，等候消息。這時泰迪熊只是眾多玩具中的一個，推進劇情的重任已經移交給被選中扮演那個小玩具的孩子。她說這一切都是真的，但是她認為這一切追根究柢是來自於一位特別不友善的孩子，並且「需要給他一個教訓」。當然，她可能說了會將故事引領到完全不同方向的事情，不過，如果故事已經獲得足夠的動力，且她對這個故事的信念已經增加，幾乎肯定的是她會維持住故事原先的設定。這個故事可能會有不同的轉折，但是，它仍是有意義的，而且其中自有邏輯。

經過討論，玩具們決定全都要去學校——這些玩具每天分批前往，讓那位孩子不會發現——他們躲起來，並且等到適當的機會嚇唬那位「恃強欺弱者」，就能給他一個「教訓」。這是孩子們的建議，按著戲劇發展而產生，教師必須要找到方法來幫助他們。孩子們也需要在這個戲劇行動中扮演角色。

九、戲劇的收尾

與其真的躲起來，孩子們被要求擺出「躲藏時的樣子」，展現出這些玩具在等待那位「恃強欺弱者」出現時所表現的樣子。教師（扮演泰迪熊）說，她可以看到那位「恃強欺弱者」走向他們：「當我數到三的時候，我們要一起跳出來，然後嚇他一跳！」在數到三的時候，所有的玩具們跳了出來，並且對那位「恃強欺弱者」大聲喊叫。沒有任何人被要求扮演那位恃強欺弱者——他只是存在於幕後（off stage）

——不過，那大聲喊叫讓人驚嚇的程度會是一樣的。之後，教師重新恢復現場秩序，並請玩具們都回到玩具箱。再次地，她運用了講述故事的方式：

> 這些玩具們安靜地在箱子中等待，直到那孩子鑽進被窩中。然後，他們聽見那位孩子對泰迪熊說話。

教師再次扮演孩子的角色，坐在床上，並且告訴泰迪熊在學校發生的事情：

> 你知道那位我跟你提過的男孩，就是從不對我友善的那一個，嗯，今天我在戶外遊樂場的時候，他向外面跑來並且大哭著。我問他發生什麼事了，他說在儲物櫃那裡發出巨大的聲響，把他嚇壞了。我告訴他，當我被東西嚇到時，我會告訴你。你知道嗎？他說他也有一個泰迪熊，他也和他說話！！整段遊戲時間，我們都一起聊天、玩耍——他下週要來喝茶，帶著他的泰迪熊來和你見面。

孩子們在玩具箱中扮演玩具的角色，聽著他們的行動是如何解決了故事中的問題——而故事的邏輯從頭到尾貫穿著。

當然，這個故事可能有很多不同的轉折，也可能有很多種解決問題的方法。藉由親自擔任故事中一個重要的角色，教師能夠從故事中著手，和孩子們探討許多可能性，提示劇情發展的線索，並建議玩具可以做的事。儘管如此，這個故事仍然主要是屬於孩子們的，他們經由討論、決定、行動，幫忙建構了故事。

在本章中概述的這個作品，證明了前言中所述，戲劇的基本原理是如何適用於幼童。所有扮演行動源自於孩子們對於時間、空間以及身分這些常規有暫時中止的能力，然後在一個他們所創造的想像世界中遊戲。當他們的遊戲發展成為戲劇時，教師與孩子們在一起創造、建構並且演出一個故事，而這些都能對故事的發展有所增益。

第四章

在學校課程中的戲劇

戲劇運用故事來探索人類重要性的議題，並且就像是所有的故事一樣，戲劇必定是**關乎**某事的。因為我們可以暫時中止那些常規下的時間、空間以及身分，便能將戲劇編排成是關於生活在其他地方、其他年代的其他人。戲劇提供這些故事一種體裁以及表現形式，這些故事對參與其中的孩子們來說是具吸引力的，可以引發思考，會讓他們激動。戲劇不應該令人覺得無聊。

國定課程把相當多的壓力加諸在教師身上，要他們「處處配合」：每一個科目都有它的目標，並且有其獨特的要求。無論您或您的班級對戲劇的評價有多高，要為戲劇尋找時間進行相關的活動可能會是困難的——遑論我們要安排一些戲劇時間來發展和強化孩子的投入與理解，並達到一個令人滿意的結果。不過，學校課程的其餘部分，也可能富於學習他人、不同時代、不同地方生活的機會。取這些課程一部分的內容運用於我們的戲劇課程，不僅僅提供了發展優秀的、令人感興趣戲劇的機會，也讓孩子能以不同的方式學習課程內容，並能更充分地投入其中。這樣的戲劇不但本身是令人信服的，是有價值的，也可以提高孩子們對其他課程領域的理解，亦能使他們的學習經驗不那麼零碎。

藉由運用學校課程的具體內容，戲劇能夠以許多有價值的方式和學校課程的其他領域聯結起來。然而，有一點很重要並且要記住的是，戲劇探索的是**人類**重要性的議題：要以「電力」或「材料」為題發展戲劇是非常困難的，但是，讓戲劇與人們如何使用這些物品相聯結，特別是如果這樣使用會導向人類的難題或緊張情勢，就能夠有更多的可能性。接下來的例子，展示了從小學課程的其餘領域獲得戲劇內容的一些方法，並示範如何讓孩子們的學校課程經驗變得更為豐富。

範例一 三隻小豬（適合小學二年級的孩子）

這班六、七歲的學生已經完成了相當多次以科學為基礎、關於材料以及其特性的活動。對於年紀小的孩子們，教師經常用三隻小豬的故事與這個領域的活動相連接，這是因為它非常直接地處理材料運用得宜與否的議題。

孩子們圍著圓圈坐好，教師邀請兩位孩子，從故事中豬大哥買到（或是被贈與）蓋房子材料的那一刻起開始表演。在許多口述版本中，這隻小豬被告知，使用稻草能夠搭建一間好的房子，但是，孩子們非常清楚它並不能。於是，這個班級開始討論只使用稻草搭建一間房子是多荒謬的事，並討論了其他不適合的材料。接著，他們玩造句遊戲，在圓圈中的每一位孩子都要完成以下句子：「你會用來蓋房子最不可思議的材料是……」隨著這個遊戲的進行，出現了愈來愈多異想天開的點子，而孩子們很享受這種創造性的趣味。然後，教師請孩子分組，運用這些蓋房子的點子來進行搭建的工作。小組成員們一起畫出房子的圖形，接著創作一小段默劇表演，以展現建造者蓋房子的情景。教師要求他們要仔細思考，使用他們所選擇的材料來工作會是什麼樣的情形——這材料是沉重的、堅固的、不易彎曲的，還是搖搖晃晃的等等。在思考與表演的過程中，他們運用到曾經做過關於材料以及其特性的所有活動。

下一個階段則是要求每個小組想一想，他們這間已蓋好的房子有何優點。為何有人會想要住在這裡呢？他們能夠如何來「推銷」他們的點子？接著，安排小組們進行「小豬們的理想家園展」。教師扮演著小豬的角色，走進這個展覽區，並且依序參觀每一間房子。每一組都會帶她參觀房子，並推銷自己房子的獨到之處。教師可以在所扮演的豬角色中詢問問題，通常是聽來很愚蠢、以教師的身分不可能提出的問題。她對某些孩子追問細節，深入了解他們在材料方面的理解程度。這個故事以其荒謬的可能性以及異於尋常的對話，對每一個參與者來說，也是相當好笑而且好玩的。最後，這些孩子們跳脫扮演的角色，並問小豬，她看到了什麼。她表現出很困惑的樣子——它們看起來都很好，而且每一間房子好像都有很多優點，實在難以抉擇。

貼心提醒

- 像這樣的活動給予孩子們機會，重新調整他們對已進行活動的理解，並且將之置入新的脈絡中思考。對於材料以及它們的特性，這個戲劇活動提供孩子們一種不同、有創意的思考方式，而教師也能洞悉孩子們的理解程度——這是她以其他方式無法達成的。
- 雖然這些活動是與相當年幼的孩子一同進行的，但值得注意的是，它比上一章的戲劇範例對孩子們有更多的要求。他們被期待對這個活動的發展承擔更多的責任，並和小組成員一起決定他們自己的房子。然而，其中仍然有一定程度的自發性，並且大多是取決於教師與孩子之間即興角色扮演的品質。

範例二　風之族（適合小學三年級的孩子）

這班七、八歲的孩子已經學習過有關氣候的知識，他們討論過有關於風，以及風為人類生活所帶來的好處與壞處。在第一階段的戲劇活動中，他們分組活動以思考風為我們帶來的好處。每一小組在活動中，會被要求創作一段簡短且與「好的風」有關的動態意象：使風車的翼板旋轉；推動船隻前進；使風箏飛起；將洗好的衣物吹乾。接著，他們被要求按照與兒童唸謠如：〈傑克蓋得那棟房子〉（*The House that Jack Built*）[1] 相似的形式，創作出一些句子。其中表演風車的小組說：「我們是一陣風，它吹動了使齒輪轉動的風車翼板，而齒輪轉動了磨麵粉的磨石，那些麵粉是用來製作麵包，提供人們食物並使人們快樂的。」[2] 然後，全班圍成一個圓圈，形成「風之族聚會」：風之族召開這個聚會的目的是慶祝他們已經為人們帶來的利益，並計畫來年的工作。在表演的最後，教師敘述著：「有一年，風之族聚會時，發生了這件事。」然後，她繞著圓圈跑，並且來到圓圈的中央，她說：「我是會激起波浪、摧毀樹木、拆掀屋頂的一陣風。我是颶風！我可以加入這個聚會嗎？」

風之族產生意見分歧。在試著決定到底颶風是否可以加入時，他們辯論風力可以做什麼，「過於強烈」可能意味著什麼，以及風與這個現存世界的關係。

---

[1] 譯註：〈傑克蓋得那棟房子〉是鵝媽媽童謠中的一首，運用英文關係子句句型串成接龍文。原文甚長，在此略引。有興趣的讀者可參見：http://www.amherst.edu/~rjyanco94/literature/mothergoose/rhymes/thisisthehousethatjackbuilt.html。

[2] 譯註：原文為：We are the wind that turns the sails that turn the gears that turn the stones that grind the flour that makes the bread that feeds the people and keeps the people happy.

貼心提醒

- 這個活動的目的以及價值，不在於教導孩子氣象學中關於地球大氣發生了什麼現象的相關細節；而是藉由將風選定為這樣的形式，孩子能夠以不同的方式省思風以及自然界的力量。這個故事具有神話的特點，得以用純科學事實不必然能達成的方式引起孩子們的興趣。
- 孩子們在不同的階段分別創作圖像和文字來描述風的作用。在每個階段，教師提供清楚的架構，孩子們以此為基礎發展自己的點子。清楚的規則限制通常可以使孩子的創意活動進行得更容易，並產生較少的脅迫感。

範例三　薩克遜人以及維京人的襲擊（適合小學四年級的孩子）

在這個例子中，孩子們從思考在薩克遜人時期（西元五世紀）英格蘭的生活開始他們的創作：這是個什麼樣的民族，他們是如何生活的？孩子們已經在課堂中做過一些研究，而教師透過提問，鼓勵他們推測當時的日常生活狀態。接著，教師要求孩子們分組進行活動，藉由靜態畫面來展現每日的生活狀態：畫面包括狩獵、釣魚、耕作和準備食物。孩子們被要求展現他們的創作，教師則和全班一同重新回顧、探討這些畫面，著重在他們展現出最貼近當時生活的部分——這是一個適合居住的好地方，人們自給自足。然後，教師要求孩子們把他們的畫面發展成一小段動作，再想一些伴隨的字句，說明這些動作對薩克遜人的重要性。舉例來說，一個創作出人們播種畫面的小組，配上

「這是一塊好土地，因此作物成長得很好」的字句。現在這些畫面以及搭配的字句，要作為慶典或**儀式**的基礎；在這慶典或儀式上，人們慶祝收成以及所有土地賜予他們的美好事物。相關畫面和字句藉由「村落圈」的方式，伴隨著孩子們創作與表演的音樂，一個接著一個地呈現出來。孩子們也討論著在這個儀式中可能有的其他元素（他們已經在自己的學校慶祝過收成），將歌曲、舞蹈以及特別的食物都計入其中。慶典的準備工作謹慎而精心地進行著；孩子們預演著他們的創作，並試圖取得進步，如此一來可以使觀眾更欣賞且更明瞭。

接著，教師將這個班級介紹給一位旅行者角色的人。教師自己扮演這個角色，身穿著斗篷，手持一件物品或是一根枴杖示意。他告訴孩子們，他將要在他們中間行走，而當他走近他們的時候，他們可以對他提出問題，他會停下來並做出回答。他們可以先討論想問的問題，然後教師再開始走動。他回答問題時並不看著孩子們，但是像在「放聲思考」。他是一位旅人，不屬於任何地方；當他來去於村落間時，也和村民進行買賣；所有的村民認識他並且信任他。從他的回答中，他表現出有點疏遠又神祕的人物形象。接著，教師將斗篷脫掉，並和孩子們討論他們自己是如何看待旅行者，而這些村民又可能如何看待他。

教師要求孩子們演出他們的一場儀式。當儀式結束的時候，教師披上斗篷並拿起他的東西。接著，他敘述道：

> 在今年的慶典結束的時候，這位旅行者到了這裡。這個村莊的人們都認識他，並且總是期待和他進行交易，聽一聽他所帶來的新聞。

旅行者走向圓圈的中央，開始說話。他告訴村民，他剛去了一個在河流下游處的拓居地，而這個地方已經被入侵者無情地攻擊。入侵者燒毀了所有東西，而他確信這裡會是他們的下一個目標。村民們必須決定他們要如何行動，但是旅行者建議，嘗試和這些人對抗是沒有用的——他已經見過他們，這些人是所能想像得到最可怕的戰士。旅行者離開圓圈，讓這些村民決定他們將如何展開行動。

接下來，孩子們熱烈討論，有時出現激辯。經過儀式的表演，孩子們對這塊土地以及它所提供的益處，已經有了足夠的投入，所以他們了解這個民族會有多關心村莊毀滅的可能性。一些人贊成留下來抵抗；另一些則希望在入侵者來臨之前逃走——看起來要達成共識似乎是不可能的。教師將全班劃分成想要抵抗以及想要逃走的兩方，他們接著成對或三人一組，表演互道告別的情景——其中有些組有台詞，很多組則完全沒有。教師接著要求那些「抵抗者」創作出人物圖像，即他們認為當他們和入侵者展開殊死戰時會變得如何，不出所料，這些人物圖像是富於英雄氣概與勇敢的。那些選擇逃走的人則被要求創作出他們的版本，即他們認為那些抵抗者將會如何，這次則是橫屍遍野。

貼心提醒

- 我們要強調，戲劇並不是用來教導兒童有關薩克遜人的知識。這個活動或許讓孩子們更了解什麼地方是適合人們定居的，並且提醒他們維京人入侵的史實，不過，主旨在使他們更了解，這樣的事件對生活在當時的人們可能造成的影響。
- 這個戲劇探究了當人們的社會受到威脅時的行為狀態——決定何時要起身戰鬥，以及何時要撤退，這是過去的問題也是當今的問題。

藉由像這樣的角色扮演活動，孩子們能夠在和每日經驗保持「安全距離」的狀況下，獲得探索這樣問題的機會。比起一個班級或小組的討論，他們會變得更加投入。

- 雖然後來的戲劇部分是即興創作，但那是非常謹慎編排的儀式。在它每一階段的發展中，教師期待孩子們以謹慎的注意力來面對活動的細節部分。如此一來，表演可以維持住相當的戲劇張力，因為孩子們有了要「做好它」的堅定意志。

範例四 建造水庫（適合小學五年級的孩子）

這個班級已經探究過人類活動對環境的影響。教師選擇建造水庫的主題，是因為它是最引人注目的「綠」開發之一，而它在環境方面造成的影響，以及建造它所帶來的優缺點也提供了一些真實的兩難困境。

一開始，孩子們被要求擔任「專家」的角色——可以是在水庫設計以及建設方面，或者是把這些設計推銷給大眾的專家。透過教師入戲扮演水公司開發案的代表，向角色中的孩子們說明：水公司需要他們準備一個向受波及村民論證用的事例。在這段期間，這些孩子們製作地圖、海報、宣傳手冊以及模型，致力使居民們確信興建水庫對他們是有益的。他們仔細地在禮堂準備展示活動，並且在教師要求下，將禮堂設置成宛如召集公共討論會來商討該計畫的地方。

孩子們開始看該地區的地圖，思考並談論當地的居民。他們分組創作出簡短的村莊生活景色——田園、商店、酒館，然後老師展示一封來自水公司的信，邀請他們參加會議。每一組都要求創作出一個片段，展現出居民們對這封信所產生的反應。他們繼續擔任居民的角色，前往村莊的大會堂，一次會有幾位居民參與這個會議，觀看並對這個展示做出反應。由教師入戲扮演著水利公司的代表執行會議。這會議很熱烈但令人不愉快，居民們直截了當表現出不相信水利公司的保證。孩子在脫離角色扮演的狀態後討論著這個會議，他們幾乎肯定計畫終究會被執行。

接下來，這個戲劇活動進展到具體著眼於一間農舍在水庫建立後將會被淹沒。孩子們的工作集中在一位獨居於此的農民身上，當他最後一次離開農地，推土機的聲音隆隆作響時，孩子們創作出他對農地回憶的移動圖像。

貼心提醒

- 在這個例子中，戲劇活動是孩子們進行更大型教學計畫中的一個重要部分。藉由戲劇活動，他們開始體驗地理學的技術、知識以及理解力並非孤立存在著，而是會對人們的生活產生實際的影響。
- 在戲劇活動的第一階段中，孩子們被期待去扮演有一定專業知識的角色，但是這期待很明顯地和他們已經做過的作業相關聯，而在他們準備展示時，會得到有力的支持和充足的資源。讓孩子們扮演像這樣地位高的「專家」角色，可以有效提高自尊，不過，重要的是，確保他們具有必要的知識和支持，來維持他們扮演的角色，使他們能在戲劇中取信自己以及其他人。
- 隨著活動的發展，孩子們被期待扮演更多的角色；而他們在戲劇中不同時段所扮演的角色，極可能會呈現出對立的觀點。雖然這個要求對他們來說是高難度的，但卻是鼓勵孩子能就議題中，對立的雙方觀點思考之強而有力的方法。對教師來說，將班級分成兩邊，要求一邊主張一特定的論點，另一邊持反對意見，或許很吸引人。以這種形式設立的辯論通常會變得很熱烈，但其危險是會造成孩子們容易在現存的觀點上變得更執著，卻沒有絲毫真誠的反省。

範例五 圍攻特洛依（適合小學六年級的孩子）

這班十至十一歲的孩子已經學習過歷史課程中的古希臘史部分，他們已經熟悉圍攻特洛伊故事中的重點。戲劇活動從一個圓圈遊戲開始，這個遊戲是班上的每一成員說出坐在身邊的人的「一個優點」。這樣就會討論到一些關於我們珍視彼此的特質：友誼、忠誠、幽默，以及勤奮工作。接著，討論發展到特洛依人重視的各種特質：介紹「德行」的概念給整個班級。然後，他們分組創造「雕像」（**靜像畫面**）來表現該特質，並設計「題詞」伴隨著他們創作的雕像說出。教師在這些雕像之間穿梭走動，並且這些雕像提醒著教師，優秀的特洛伊人該有的生活方式。

當全班演出故事中特洛依人發現並帶回木馬的那一幕時，教師得以回過頭來談談他們的雕像，並提醒他們要展現出膽量、勇敢、決心等等。教師亦進入西農（Sinon）的角色中，他是一位被留下來當「俘虜」的希臘勇士，設法說服特洛伊人接受木馬進入他們的城市中。整個班級的孩子們創作出特洛依人推動木馬進入城市的靜像畫面，以及城市在慶祝勝利之後的畫面。接著，教師要求孩子們回到他們表現膽量、英雄氣概等特質的最初畫面，並且要求每一小組做出另外兩個希臘人和特洛伊人後來發生戰爭的靜像畫面。然後，要求他們設計把以上畫面連結在一起的動作——教師要強調準確度和控制的必要，以使最後的結果既讓人驚艷，但又是非常安全的。接著將這些相關聯的畫面與音樂配合在一起，當音樂逐漸消失時，整個班級轉而呈現出荒廢且破壞的最後畫面，以表現出戰爭的下場。

接著，教師敘述特洛伊的守護女神帕拉斯・雅典娜（Pallas Athene）返回城市檢視其破壞程度。當她這麼做時，死亡的身軀復活並形成新的形象，以表示那些在經歷戰敗之後的特洛伊人所具有的新「德行」。這給予班級足夠的時間醞釀並展現出一些互不信任、害怕外來的人並提防詭計的圖像。在接下來的討論中，這個班級對於戰敗之前與之後所產生的德行進行比較，並仔細思考其中哪些和現在的我們最相像。

貼心提醒

- 就孩子們被期待展現出的角色行為而言，這個活動頗有難度。孩子們必須理解相當抽象的概念，如膽量或忠誠，並運用台詞或動作來說明。
- 用以描繪出戰爭的動作，需要投入以及紀律。對於教師和整個班級都重要的是，必須認知創作出戰爭的混亂表象需要非常縝密的架構和組織。這個紀律不僅對每一位參與者的安全而言有其必要性，如果每個人都有自信且熟悉聯結在一起的架構，則最後的結果會更具戲劇性。
- 這個活動的中心有著複雜的文化概念，這戲劇活動的內容和形式都對全班有著極高的要求。

計畫戲劇教學的架構

就像其他的課程一樣，戲劇活動如果想要成功，便需要小心謹慎地計畫。當然，學校對於建立課程計畫確實有自己的慣例，不過像圖4.1至4.5中所包括的例子，使用了一種將教師們從廣泛的課程計畫到為個別戲劇課設定明確要求的思考過程都涵蓋在內的架構。而其版式可以完整記在便條紙上，方便教師在與她的班級一同進行活動時拿在手中。它可以用於計畫單堂課，或是需要二或三堂課的更長教學單元。

一、學習領域

這個標題聯結戲劇的內容和在學校課程的學習領域。通常這個「主題」或中心是班級在這個學期、半個學期或幾個星期以前學過的。它可能是「天氣」或「家」這般籠統的標題，但是也必須在學習的特定內容上更具體，提示出戲劇的內容。舉例來說，在圖4.4中，水庫的即將建立就是一個具體的領域，在這個領域中，得以探究與「環境」這個更廣泛主題相關的題材。

二、重點問題

很多教師已經熟悉運用重點問題提示出他們的計畫。對於學習，他們鼓勵孩子們運用以研究為基礎的方式，讓孩子們自己研究或提出

學習領域：

一般領域：材料以及它們的屬性

具體的領域：運用材料來建造房屋——三隻小豬

重點問題：

- 我們如何做選擇？
- 我們是否能夠永遠依賴他人給我們真正所需的資訊？

預期的學習成果：

在本節課結束時，孩子們將已

- 運用相關詞彙，如重的、牢固的、堅硬的、擺動的、硬的、軟的、防水的，顯示出對各種材料的認識。
- 展現出模擬這些材料特性的能力。
- 運用語言說服他人。

課程的起點：

- 《三隻小豬》的故事

活動大綱：

- 以遊戲開始課程，達到暖身以及團體放鬆的效果。
- 經由此團體對於三隻小豬故事的先備知識來切入討論。
- 玩改編自「神奇麥克風」的遊戲，邀請參與者完成「你會用來蓋房子的最不可思議的材料是……」這個句子。
- 分組發揮創意，設想一間不可思議的房子可能會是什麼樣子。小組的成員們必須「帶領我們參觀」他們的特別房子——以他們自己來表現，構成房子的特殊材料，如何影響我們進入其中的方式等等。分組決定要如何「推銷」這間房子給他人——它最大的優點是什麼？如何說服人們，居住在由某種材料建成的房子中，的確是一個好主意？各組一起建立一個「理想家園展」，提供給喜歡特別或不尋常的房子的人們。
- **教師入戲**扮演三隻小豬中的其中一隻前來參觀展覽，每一個小組必須嘗試說服他，他們所選的房子是最適合他的。

進一步提問／活動：

- 孩子們脫離房屋建造者／銷售員的角色，對這隻小豬進行坐針氈的活動，以了解他對這個展覽的看法。

圖 4.1

學習領域：

一般領域：天氣　　**具體領域：**風

重點問題：

- 風是如何對我們有益的？
- 風是如何對我們造成危害的？
- 團體如何處置那些不順服的人？

預期的學習成果：

在本節課結束時，孩子們將已

- 顯示出風力為人類帶來各種益處的認識。
- 考量風可能會帶來的損害。
- 運用語言和動作創造戲劇圖像，以清楚說明風的作用。

課程的起點：

- 伊索寓言中的《北風與太陽》。
- 孩子們創造出風對我們做出有益之事的圖像。

活動大綱：

- 從討論風為我們做的事情開始。它帶來哪些好處？它可以做哪些好事？
- 孩子們分組創作出和緩的移動圖像，以表現風可以做什麼——鼓勵重點在於溫和且有益處的風。
- 觀看所有的圖像之後，要求每一組加上簡短的一句話，運用「我們是風，做了……，做了……」的形式（像〈傑克蓋得那棟房子〉的形式）來形容風可以做什麼。
- 召開「風的會議」。每一種風受邀來參加這個會議，告訴其他的風，他們在過去一年中曾經做過的好事。
- 接著教師敘述，某年一種不一樣的風前來——然後教師扮演這颶風的角色，並要求參與這個會議。
- 應該允許這「有害的風」參加嗎？颶風有沒有優點？

進一步提問／活動：

圖 4.2

學習領域：

一般領域：在英格蘭的安格魯薩克遜人　**具體的領域：**薩克遜人的定居

重點問題：

- 什麼地方適合人們定居？
- 社群如何標記並頌揚他們所重視的東西？
- 社群遭受威脅時如何表現？

預期的學習成果：

在本節課結束時，孩子們將已

- 展現出對薩克遜人生活方式和自己生活方式有何不同的了解。
- 策劃並參與一段慶賀這種生活方式的儀式性劇場演出。
- 扮演並維持一個角色，以探究薩克遜人可能曾經如何回應維京人突襲的威脅。
- 展示出清晰的戲劇圖像，以描繪這樣一個突襲的影響。

課程的起點：

- 創作一個薩克遜人豐收的慶典／感恩節。

活動大綱：

- 從討論孩子已經知道哪些關於薩克遜人拓居之事開始——這些人們會需要什麼？對他們來說什麼是重要的？
- 分組創作靜態畫面，以展現拓居地每日的生活狀態——檢閱圖像，並且強調居民的生活方式取決於他們的環境。
- 討論在典禮／儀式中可能用來慶祝豐收的「元素」，分組發展以下各種構想——音樂？舞蹈？語言？動作？特別的食物？
- 把儀式的元素全部集合起來。
- 介紹在拓居地間移動、買賣貨品的旅行者角色（教師）。藉由讓他在孩子中間走動，與這個角色見面，孩子可以以他們現實中的身分和他交談。
- 分組創作家庭或團體得知旅行者到來消息的圖像——人們看起來會如何對他做出反應？他的到來受到歡迎嗎？
- 上演儀式。在最後，旅行者帶著一個新聞抵達，即鄰近的拓居地已經被維京人突襲了——他確信這裡是他們的下一個目標。

進一步提問／活動：

- 拓居地的人們應該要做什麼？逃跑還是作戰？試著共同合作？

圖 4.3

學習領域：

一般領域：環境 **具體領域：**水庫即將興建

重點問題：

- 計畫及興建水庫需要哪些地理知識？
- 人們如何「推銷」關於開發方面的點子？

預期的學習成果：

在本節課結束時，孩子們將已

- 經過討論和研究，開始探究多種興建水庫的專業知識。
- 討論興建水庫可能為社區帶來的好處。
- 使用這些訊息以達到說服的目的。

課程的起點：

- 地形或公共關係專家受託參與會議，協助規劃水庫。

活動大綱：

- 從討論孩子將要扮演的專家角色開始，如水庫的計畫者和建造者，或是公共關係／行銷顧問——這些人具有哪些技術和知識——，他們所具有的這些技術和知識擔負的是什麼責任？
- 告訴全班，他們將會以專家的角色被邀請至一個會議或演示，在那裡他們將要給予建議——要求這個團體根據他們認為的會議方式來佈置會議空間。
- 教師入戲，以「西方水利公司」的代表身分，向這個團體說明他們需要提供規劃水庫方面的建議——在任何開發之前，展示出這個地方的地圖——，說明他們不僅要幫助水庫的建設，還要讓當地居民確信這樣的開發的存在價值。
- 孩子們扮演角色，以專家的身分為向當地居民說明，計畫並把材料準備就緒——可以在他們自己的教室中進行。

進一步提問／活動：

- 這個開發對於周遭的社區會有什麼影響？

圖 4.4

學習領域：

一般領域：希臘人　　**具體領域：**特洛伊的陷落

重點問題：

- 為何特洛伊人將木馬帶入他們的城市？
- 他們將何者視為「德行」？
- 與我們的相比，他們的「德行」如何？

預期的學習成果：

在本節課結束時，孩子們將已

- 透過靜像畫面，展示出他們對特洛伊人可能重視的德行的了解。
- 將這些德行融於角色中。
- 將這些德行與現代價值觀相比較。
- 設計並演出一系列節制的動作，展現出在戰爭場景中的英雄氣概和悲劇事件。

課程的起點：

- 孩子們對木馬以及特洛伊陷落的既有知識。

活動大綱：

- 從「關於某人的一個優點」的遊戲開始，在這個遊戲中，班級的每一成員說出坐在身邊的人的一個優點或一件好事。討論我們覺得珍視的特質種類。
- 介紹「德行」這個字彙並討論其意義。討論什麼是特洛依人可能認可的特質。
- 分組創造「雕像」（靜像畫面），以表現特洛伊人的特質。每一組並根據他們的雕像要展現的特質，設計出題詞。
- 教師扮演特洛伊「公民」，在這些雕像之間穿梭走動，並且聽取每一個關於特洛伊人應該如何生活的建議。
- 和全班討論這些「德行」。說明當他們進行扮演特洛伊人時，他們需要記住讓這些德行引領他們，而不僅是「做他們自己」。
- 和全班一起創作出當特洛伊人發現希臘人已經離去卻留下木馬的那一刻。
- 敘述特洛伊人俘虜西農的故事，教師進入西農的角色中，並說明這匹被遺留的木馬是獻給雅典娜的供品，如此龐大是為了不讓特洛伊人將它帶進他們的城中。
- 創作出特洛依人拉著木馬進入城市的靜像畫面，以及由整個班級參與創作特洛伊城在慶祝勝利之後的靜止畫面。
- 慢慢地從慶祝的畫面移至「英雄氣概」的最初畫面，並且要求每一小組再做出兩個戰爭的靜像畫面。然後，發展動作將以上畫面聯結在一起——可以配上適合的音樂以創造戰爭的場面。
- 音樂漸弱或用別的方式表示，要求整個班級「逐漸變成」特洛伊城在戰爭之後的最後畫面。
- 敘述特洛伊的守護女神雅典娜（由教師扮演）走在戰火後的城市斷垣中。當她這樣做時，孩子們形成新的雕像，以表示那些在經歷戰敗之後的特洛伊人所學習到的新「德行」。

進一步提問／活動：

- 在戰爭之後，特洛伊人的「德行」有何不同？
- 哪些德行與我們自己的最相近？

圖 4.5

問題，而不是簡單地尋找答案。總之，這樣的方式使活動焦點明確，提醒教師該作業的真正意涵為何。在設計這樣的戲劇活動時，嘗試和確認兩、三個重點問題通常是有幫助的。其中一個問題可以針對所選的題材，另一個更大的問題可以是關於人們的生活及日常行為。在薩克遜人戲劇的例子中，第一個重點問題是：「使一個地方適合定居的條件有哪些？」便與戲劇的歷史內容相當有關。其他的問題包括：「部落如何標記並慶祝他們所重視的事物？」以及「部落在遭受威脅的時候如何表現？」是一直以來與人類行為方式關聯性更大、更廣的問題。這些重點問題非常值得花時間思考並確認，因為它們對於戲劇接下來的目標以及方向貢獻良多。

三、預期的學習成果

重點問題的探究可以很好地提供一戲劇活動整體的開端，但是為了能夠評估學習的狀況，教師需要決定明確的預期學習目標。如同我們在第二章已經討論過的，其中的一些成果應該直接將戲劇課程以外的內容與具體的戲劇技能和知識進行聯結。因此，如同在圖 4.4 中，該學習過程主要著眼於內容，要求孩子們學習關於建立水庫及其所能帶來好處的種種專業知識。然而，接下來的課程，如範例四所述，就包含了孩子們所能創造並表演戲劇的具體學習目標。當孩子們被要求想像、創作，並表演出一個公眾會議——在會議中地方居民爭論著該水庫將會對他們的社區帶來什麼災害性的影響，孩子們將需要對特定的情況合宜地創造並發展角色，而為了能從特定的社會面向來探索問題，他們也必須將角色維持一段時間。在第七章中，我們將會看到這些成果和中高年級孩子的基本能力參考指標是直接相關的。與內容一樣，這些成果的性質將視孩子們的年齡與經驗而定。理想而言，學校將建立一個戲劇進程的架構，讓教師能適當地設立挑戰性的任務，以使他們設定的學習成果能夠保證戲劇活動的持續進步發展。因此，這進程的問題是一個關鍵，在第七章中將會更充分論及。

四、課程的起點

在提供的範例中，每一個班級都已經開始在它們的課業中著手戲劇活動的內容。不過，教師必須仔細思考什麼能吸引孩子們，並且提示出該故事是值得一探究竟的。故事（就像是在第二章中我們更全面探究的）、詩、照片、物品都能創造一個好的起點。教師也可以建立某種圖像（像是第三章泰迪熊的戲劇活動）來介紹這戲劇活動，並且鼓勵孩子們思索它可能引發的故事／戲劇。不論我們選擇如何開始，戲劇活動需要快速地激發興趣並開始起身活動。

五、活動大綱

在計畫表的這個部分，教師列出各種將用來推進戲劇活動的架構和策略。對教師來說，在工作開始之初就能對接下來會發生的事，以及將以什麼順序來進行有著清晰的概念是很重要的。當她更有經驗時，可能有時候會偏離原本計畫好的活動，尤其是在她開始回應並結合孩子的想法時。不過，若是她對活動的主軸有著清晰的計畫，她會感到更有自信，即使她並不總是完全依照它。就像是在第二章所強調的，計畫這部分活動的致勝關鍵是思考戲劇活動整體的進程與節奏。這個故事是否有足夠的能量來持續進行並保持孩子們的興趣？該架構對孩子的年齡和經驗來說，會是適當且易掌控的嗎？當故事情節進一步發展時，孩子們會更加投入嗎？教師可以運用在附錄二中的戲劇慣例選粹來計畫活動的主軸。

六、進一步提問／活動

隨著活動的發展，將會引發問題和更深一層的議題。將正在發展的活動與戲劇活動的最初目的聯結起來是很重要的：回到重點問題將幫助其持續聚焦，並減少故事朝著雖然有趣，但是和教師原本計畫幾乎沒有關聯的方向發展之可能性。例如，在三隻小豬的例子中，當故事發展到探討小豬們如何能夠最有效地免於野狼威脅，焦點依然在材料和它們的效用上。

七、掌握戲劇的進程和發展方向

在所有提到的例子中，教師和孩子們一起建構戲劇活動，並賦予它形式。有時故事將會是「即時播送的」：它將會發生在現實中，而且每個人會表現得像是故事中的人們一樣。有時，當我們在討論或設置下一階段的任務時，故事會暫停。

圖 4.6 列出一些教師可運用在建立戲劇活動架構，以及使故事持續發展的策略。當戲劇活動開始進行且發生在「當下」時，可運用左邊的那些策略。在本章所有例子中，教師扮演角色並且與孩子一起進

戲劇活動的內部	戲劇活動外部
教師入戲 →高社會地位 • 掌控全局 • 發號施令 • 召開會議 →平等地位 • 參與討論和辯論 • 提供建議和觀察 • 給予警告 →低社會地位 • 要求幫助 • 需要建議 • 需要憐憫	設置任務 • 給予指示 • 闡明指示 • 使任務清楚 • 給予適當的指導方針和限制 • 分配時間 • 為觀眾指明聆聽和觀賞的方式 • 提供一系列的慣例讓活動進行更深入 檢閱任務 • 互相「閱讀」彼此的成果 • 給與建議和反饋 • 追溯目標 • 引出相關特點 • 告知接下來的活動
敘述 教師可能會 • 在孩子們演出時進行敘述 • 當孩子們在靜像畫面中的時候敘述 • 為了建立即將發生的會議或儀式而敘述 • 為了讓故事發展到下一幕而敘述 • 為了結束故事或事件而敘述	提出問題 • 協商下一個發展階段 • 反省自己的工作 • 反省戲劇活動中的角色演出 • 反省結果 • 思索未來

圖 4.6

入戲劇活動中。教師可以運用她的角色，在故事發展方向與進程上都或多或少發揮影響力。如圖 4.6 所示，教師可以是處於高社會地位的角色（例如，在建造水庫的戲劇中，作為水公司的代表）、平等地位的角色（在薩克遜人戲劇中的一位村民），或是低社會地位的角色（像是正在尋找適合房子的小豬）。以上每一個角色對教師及孩子們有著不同的要求，但是，都為教師提供了從戲劇活動內部起作用的機會，表露出她參與該戲劇活動的承諾，並讓她能從戲劇內部發揮影響力。

有時候，教師可能會透過敘述的方法，讓故事保持生命力。就像是我們已經展示的許多例子，敘述可能會用來講述或是重述孩子們表演的故事；讓故事發展到下一個階段（像是在風之族的戲劇活動中）；或是帶領著故事達到一個令人滿意的結局。也有些時候，我們暫停並花時間停留在故事中某些特定的時刻。這樣的方式大可包含排演以及表演，不管是用靜態畫面、儀式或者短劇的形式。在給予孩子這樣任務的過程中，盡可能清楚地概要介紹是重要的。緊湊的期限與清楚的限制可以促成具有目的性的行動，並幫助孩子們更謹慎精巧地進行他們的工作。有時候，這些任務的結果可能會直接反饋成為現場戲劇。在孩子們必須創作圖像和台詞以表現出不同的風的例子中，活動被直接導向「集會」，如此一來便保持了他們的新鮮感和驚喜。然而，在薩克遜人生活之靜像畫面的那個例子中，整個班級重新回顧，對每一小組的成果發表意見，並且有機會在其發展成整個班級表演的一部分之前進行修改，使他們的作品更精鍊。

八、使思考繼續前進：在戲劇課程中的教師提問

大部分的教師在提問方面是具有高度技巧的。無論他們使用這些方法以徹底明白在運動場上發生的事情，或者是在孩子們探討複雜的科學概念時以培養他們的思考力，他們清楚地知道如何探查學生的理解程度、擴展他們的思考力，以及質疑孩子們的回答與假設。這些技巧同樣可以運用於戲劇課程中，以達到類似的效果。

我們已經強調，識別二或三個重點問題以找到戲劇整體目標和方向的價值，它們是整個活動要提出並尋求解決的「大哉問」。然而，隨著活動的進展，教師需要因應種種情境脈絡和各種目的，持續提出具體問題。許多提問是在教師與孩子都已經離開角色，並討論這戲劇活動將會如何進展時提出的。在薩克遜人的戲劇活動例子中，教師正為全班準備緊接著儀式之後進行的討論或「談話時間」。她問孩子們：「你們覺得這個民族需要討論哪一類的事情？」當孩子們以「收成如何？」或是「動物們的狀況如何？」這樣的答案回應時，教師可以探索更深入的答案，問道：「為何他們需要討論這個？」或「為何這對他們來說是重要的呢？」這樣的問題是為了鼓勵思考，幫全班做好準備而進行的，這樣一來，這最終的會議就能言之有物、有目的性，並且維持戲劇發展的動力。教師也問了與這群人會議的形式有關的問題：「誰會發言？」「他們如何做決定？」「他們如何確定人們不會在同一時間一起發言？」當然，她可以簡單地告訴他們這個會議將如何進行：關於會議會如何架構以及種種人們會說的事，她或許有許多自己的點子。藉著鼓勵孩子們透過會議的形式和內容兩者來思考，這會議

變得愈加是他們自己計畫的成果，因而鼓勵了他們為其負擔更多的責任。如同我們接下來所見，這增加的責任感是孩子們在戲劇活動中進步之重要部分。

當老師和孩子們都入戲時，可以在戲劇活動中廣泛運用提問。在三隻小豬的故事中，教師入戲成為小豬。當她在展覽中參觀時，持續不斷地運用提問，對每一間房屋問一連串的問題，從現實問題——「這裡面有幾間房間？」——直到更複雜的、鼓勵孩子們去思考與他們所選擇建材關聯的問題——「如果陽光太猛烈，它開始熔化，那會發生什麼事呢？」

最常見的一種區別方式是「開放式」與「封閉式」的問題。開放式問題是那些容許多種答案的問題；封閉式問題可能只需要一個「是」或「不是」的答案。就掌控戲劇活動而言，更有幫助的是思考哪些是能展開戲劇活動很多可能性的問題，哪些又會封閉種種可能並將戲劇活動聚焦。兩種形式的提問將適用於戲劇活動的不同發展階段。「開放式」問題幫助建構故事，比如，討論薩克遜人每日的生活。像是：「村民每天都在做什麼？」的問題便開啟了一連串可能的回答，當然，其中有些回答是不恰當的。在這個例子中，基於這個班級已經進行過的活動，教師便不會預期孩子們以「薩克遜人一整天都看電視」來回答！但是，在接下去的戲劇活動中，可能需要把開放式問題之門合起來。當討論到在面對令人害怕的劫掠該做些什麼時，這個討論看來已無法控制，這時，教師入戲擔任旅行者的角色，藉著說出：「沒時間了，你們要留下還是離開？」來結束討論。如此把討論減少到兩種可能的回應：我們離開或是留下。

圖 4.7 表現了教師從為了展開戲劇活動，乃至為了封閉並更緊湊地

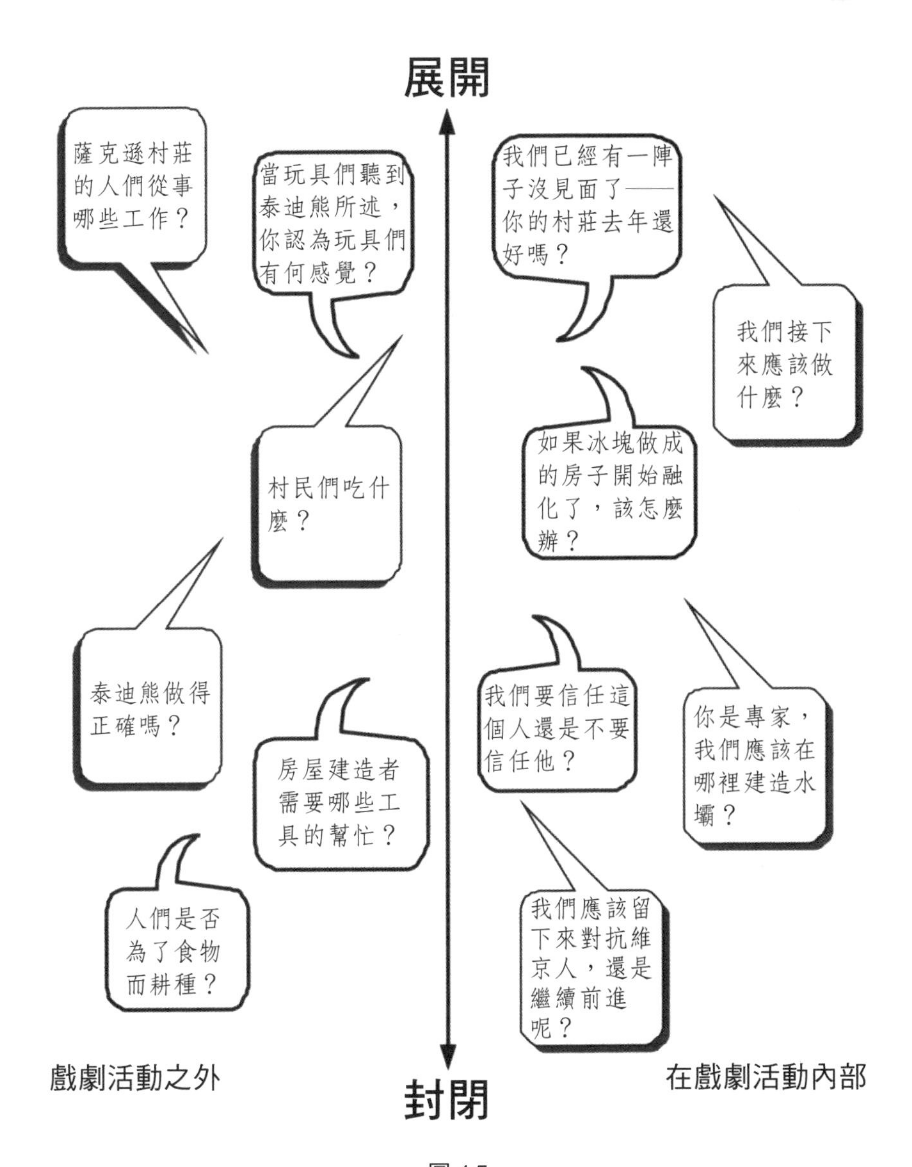
展開
薩克遜村莊的人們從事哪些工作？
當玩具們聽到泰迪熊所述，你認為玩具們有何感覺？
我們已經有一陣子沒見面了——你的村莊去年還好嗎？
我們接下來應該做什麼？
村民們吃什麼？
如果冰塊做成的房子開始融化了，該怎麼辦？
泰迪熊做得正確嗎？
我們要信任這個人還是不要信任他？
你是專家，我們應該在哪裡建造水壩？
房屋建造者需要哪些工具的幫忙？
人們是否為了食物而耕種？
我們應該留下來對抗維京人，還是繼續前進呢？
戲劇活動之外
在戲劇活動內部
封閉

圖 4.7

集中戲劇所能想到的問題。這圖表也區分了那些在戲劇活動之外產生的問題，和當教師和孩子們都入戲、戲劇活動正在進行時的問題。所有以上不同層次的問題，對拓展孩子們的思考力與支持故事的發展起著重要的作用，但產生不同的效果。

本章已經展示了經由適當的計畫、架構和掌控技巧，我們可以將戲劇活動與許多其他領域的課程做聯結。從孩子們的觀點，藉由創造故事並經歷過它們，戲劇提供了寶貴的學習機會，把學習融入到真實的人類情境中，而不是透過教師告訴他們而習得。當孩子們積極參與戲劇活動時，他們就可以認識到這個發展中的故事是共同創作的，也是每一個人的活動成果。戲劇作為廣泛且平衡課程的一部分，確實意義深遠。

第五章

戲劇和語文

1998 年 9 月，英格蘭的小學引進國定語文政策，要求所有學校為增進孩童的讀寫技巧設定明確的計畫和目標。為此，極大多數的學校已經實施每日**語文時間**，並依據**教學架構**（以 4-11 歲孩童為對象的教學計畫）設計教學內容。然而，對教師們而言，如此強調讀寫的教學似乎反而壓縮了戲劇時間。在本章中，我們會概述一些在語文時間或其他時段，以戲劇來增進孩童語文能力的方式。

教學架構多次明確提及戲劇，亦包含了許多您可藉由運用戲劇於教學來達成的教學目標。除了為小學階段的每個學季訂定明確的目標，該架構也列出一些課程應涵蓋的內容範圍：如可資舉例的文章形式和類別——廣泛包含了小說、詩歌、非小說文學，並為每一學年推薦劇本。

運用戲劇於語文時間

國定語文政策建構在每天實施之**語文時間**的基礎上，其用意在使孩童們接觸到常態且一致的教學模式。每日時間的結構亦在維持字詞、句子和課文等不同語文層次之間的教學平衡。在實際教學時，教師必須小心地拿捏，既要謹守例行流程[1]讓學生熟悉，並應在教學方法上保持活力和新鮮感。運用戲劇技巧和策略之所以能夠成效良好，不只在於它加深了孩子們對課文的理解，同時也為例行的教學方法增添生氣和變化。

---

[1] 譯註：即課文分享、字彙／句子、小組及個人時間、團體時間等四個時段。

一、課文分享

在一開始的十五分鐘，全班專注於一段他們正在讀或寫的課文。正如我們在第二章曾探討過的，用不同的方式將故事戲劇化，能有效加強孩子們對故事的理解。我們曾概述過的一些策略在此可以被有效運用。例如：

- **演出**故事（運用故事棒）鼓勵孩子們思考劇情的整體架構，並摘述故事的要點。
- **坐針氈**是鼓勵孩子根據他們閱讀故事所得的一些推論來探索、了解角色的一種絕佳方式。
- **良心巷**可以用於全班探究某個角色面臨抉擇之際。
- **想法追蹤**的進行，可以由老師先誦讀一段課文後，接著讓小組或個人說出角色的想法和感覺。
- **論壇劇場**可以用來探索故事某個關鍵時刻各種可能的發展。

假如您確信上述策略能幫助孩子**更貼近、更深入**課文，運用這些策略便能對語文時段有莫大助益。若將這些活動與課程綱要所列的特定目標聯結起來，可使課程的焦點更為明確。

二、字彙

這個時段在發展較年幼孩子的形音辨字技巧，讓他們能夠理解語音和字形之間的對應關係。國定語文政策有關語音的資料列出了一些教授這些辨字技巧的步驟，其中有許多是透過遊戲來進行的。雖然戲劇或許不能直接用來教授這些技巧，但戲劇中的說和聽對於發展這些技巧具有不可或缺的重要性。國定語文政策教材中的第一步是經由故事、聲音、歌曲、押韻詩的方式，發展一般的聲音識別、話語的聲音識別，節奏和聲韻，以及頭韻，而上述方式是運用戲劇教學的老師再熟悉不過的了。戲劇也是一種非常有力的媒介，孩子們可以在戲劇中運用豐富而多樣化的語言；就孩子們嫻熟教學架構中所列的延伸字詞而言，這是極其重要的學習方式。

三、句子

在這個時段，學生們探究文法和標點符號。作家運用文法的方式受到他們預設觀眾和寫作意圖的影響：一如我們將在本章中所示，有許多方式可以運用戲劇幫助孩子們了解文法如何受到文章脈絡的影響。同時值得注意的是，個人通常在書寫中表現其文法特徵：如句子的長度、構句的方式、方言的使用等。當孩子們的寫作能力更上一層樓時，掌握文法將有助於他們為預設的讀者發展特定的寫作風格。口語可以成為正式寫作之前探索和發展上述獨特風格的有力方式，能經由像是坐針氈的技巧而獲得開展。

四、小組和個人時間

在這第三個時段，孩子們在小組中工作，有時有教師的引導，但多數時間獨立工作。在第二章列出的一些活動可以運用於這個時段，如：運用偶來重述一個故事，製作故事地圖來探索故事的場景，或者就先前闡述過的某個故事結局做進一步研討。當重點在劇本時，孩子們可以為它加上註解或準備一小段表演，根據他們在課文分享時段看過的一則故事來撰寫一段腳本，或演出課文片段，並依據他們期望課文被表演的方式為它加上舞台指示。不管是就回應他們所閱讀的素材或者就發展寫作而言，將課文活潑地戲劇化，對於加深孩子們的理解極有幫助。

五、團體時間

在這最後的時段，孩子們回饋和討論他們在這堂課學到了什麼。孩子們能有機會表演他們創作的片段，或者可以運用一些戲劇技巧來呈現和探索他們的所學。比方說，他們可以提供一個角色二度坐針氈，但在這一次包含了他們從小組和個人時段中獲得的額外訊息。小組可用獨角戲或獨白的形式呈現他們的作品，由角色述說她／他在故事中某個時刻的感覺，或者他們可戲劇化地朗誦故事中的一段，讓小組中的成員扮演故事中的不同角色。

上述所有方法表明了您和您的學生一同發展的戲劇技巧，可以如何融入讀寫技巧的教學之中。這些方法對於維持教學的活潑性極為有效，不僅讓學生覺得切題而且有趣，同時又能有效對應國定語文政策架構所列的課程目標。以下的範例進一步說明您可以如何更充分發展戲劇和語文間的關係。

範例一　小狗狗（適合小學二年級的孩子）

Shirley Hughes的《小狗狗》（*Dogger*）是一個很受低年級小朋友歡迎的故事[2]。它描述小男孩戴夫失去心愛的布偶玩具「小狗狗」，而故事集中在戴夫尋回小狗狗過程中所遭遇到的困難。它有清楚結構的情節、鮮明的角色，以及對多數幼童而言熟悉的場景。在國定語文政策框架中，它合於二年級第一學季的教學範圍。該框架明確指出孩子應該被教會「察覺口語和書面文字的不同」（二年級第一學季，主題三）——在此很適合運用第二章提過的「故事棒」重述故事來探索上述觀念，同時幫助孩子「認識故事中的時間和先後順序」（二年級第一學季，主題四），以及「鑑別並討論故事中與情節相關之事件的原因」（二年級第一學季，主題五）。

建立整體情節結構之後，運用偶來扮演小狗狗的角色。您可以自己操偶，或者把這個機會讓給一個或更多的孩子：這是一個絕佳的方式來探索小狗狗不見時究竟發生了什麼事。戴夫究竟是何時、何地把小狗狗搞丟的？小狗狗究竟經歷了哪些事，最後才被放到玩具架上的？他是如何度過那一晚的？感覺又是如何？探究以上這些問題不只鼓勵孩子們認識故事情節的整體結構，也鼓勵孩子思考作者在故事中沒提及但足供讀者推論的部分。

其他的角色也可以坐針氈。媽媽、爸爸、貝拉、在玩具架上的女

2　譯註：Shirley Hughes 是英國知名童書插畫家，曾以本書獲得 1977 年英國插畫大獎「凱特格林威獎」。

人，戴夫本人——每一個角色對這件事都會有他們自己特定的看法和說法。這個活動也可以提供孩子機會，對事件的說法以及某些角色的態度提出異議。像戴夫的爸爸可能以受不了整起事件發展的形象出現，認為早就到了戴夫該長大，不再玩小狗狗，而是開始玩些更「成熟」玩具的時候——以這種方式鼓勵孩子們將他們自身的經驗與故事聯結起來（二年級第一學季，主題六），讓孩子們向戴夫的爸爸解釋為什麼小狗狗會對戴夫如此重要。

故事中一個關鍵時刻是，當小狗狗已經被一個小女孩買下，也可以運用簡易形式的論壇劇場來探索。讓全班想像貝拉並未在對獎活動中贏得泰迪熊（在Shirley Hughes的故事中，貝拉將泰迪熊換成小狗狗），而是貝拉和戴夫必須以不同的方式說服小女孩將小狗狗交給他們。如果教師能扮演小女孩的角色是最好不過了，因為孩子們必須試著說服小女孩——而您可以在小女孩的角色中讓他們的說服工作充滿挑戰性，但最後還是被他們打動。兩個孩子分飾貝拉和戴夫，班上其他孩子則支援他們。將這段故事情節演出，但每一個人——不管是角色扮演者或是班上其他成員——都可以中斷演出，建議貝拉和戴夫最能說服小女孩的方法。他們當然可能提出一些比較粗暴的方法，讓小女孩捨棄小狗狗——如果這種情形發生的話，入戲的教師可以把女孩的媽媽召來，中止演出，要求以更溫和、圓滑的方式進行說服的工作。還有什麼其他的方式是我們可以試試看的？

藉由如此細緻地檢視故事中的某個時刻，孩子們得以發展對故事邏輯或「文法」（即事件如何彼此關聯而構成整體意義的方式）的洞察力。如果女孩馬上就放棄小狗狗，故事就會少了些衝擊力，但如果她始終不肯放手，戴夫無法取回小狗狗，故事的結局將使讀者感到遺憾。以這種方式探索故事的結局之後，可以鼓勵孩子們寫下他們的結局版本——他們知道該寫些什麼，因為他們已經實際經驗故事也讓故事發生了！

範例二　阿瑟找新家（適合小學四年級的孩子）

由 Amanda Graham 著、Donna Gynell 繪的《阿瑟找新家》（*Arthur*）[3] 是個關於一隻平凡小黃狗的故事，牠住在一間寵物店，非常渴望能擁有「一個家，而且有著一雙可以磨牙的舊拖鞋」。當他注意到其他動物像是兔子、魚或蛇被買走時，阿瑟試著表現得跟牠們一樣，好讓他能找到屬於自己的家。雖然這個故事也適合低年級的孩子，它所具有的簡單情節、單一場景和大量角色，亦適合中年級改編成戲劇。教學架構建議孩子們應該「撰寫劇本，如運用已知故事作為基礎」（四年級第一學季，主題十三）。

如果孩子們依循著教學架構學習，到中年級時，他們已經知道戲劇和散文的書寫方式有哪些主要差異了（三年級第一學季，主題五）。在開始上《阿瑟找新家》之前，回顧二者之間的差異是相當重要的。在整堂課中，應該強調戲劇不是像小說一樣寫來被閱讀或在小組中輪讀的：它們是寫來**被演出**的。劇本中的文字是為了成就一齣表演：劇本並非戲，正如音符並非音樂。只有加上了音樂、燈光、動作、姿態和所有口語的微妙變化，劇本才能「脫離案頭」，成為場上之作。當孩子們改編故事時，重點在於持續地**經由行動**來試驗他們的想法。

3　譯註：可參見三民書局出版的中譯本。

這個故事的一個優點是，它沒有太多的對話——它刺激孩子認真思索故事本身，以及可以如何用戲劇的形式將它呈現，而非只是識別誰說了哪些話，並將這些話編織進腳本中。一開始時，可以先討論並列出故事中所提出的問題。孩子們可能提議加入敘事者的角色，來補充說明動作和對話未能交代清楚的部分。為了充分探索劇本和散文的差異，最好勸阻這種方式。

在開始進行戲劇前，很重要的是已經充分探索、了解這個故事：可以藉由全班一起閱讀故事，也可以經由老師輔導的小組閱讀活動來達成，然後再探索、發展角色。我們在第二章看過如何呈現獵人的不同面向：您可以運用相同的概念來處理寵物店老闆漢伯太太——讓她坐針氈，呈現出富於愛心、愛她店裡所有動物的形象，繼而進行第二回的角色刻劃，表現出她身為商人精明幹練的一面，盤算著如果阿瑟沒有很快賣出的話，該如何「處置」牠。值得提醒孩子們的是，漢伯太太的這兩種形象都完全符合故事、甚至插畫中的角色刻劃——吉內爾的插畫充分表現出讀者對角色的創造經常不亞於作者。孩子們比較喜歡漢伯太太的哪一個形象？哪一個形象有助於增加戲劇張力？孩子們所喜愛的角色如何在腳本中獲得開展？

在下一堂課的一開始，先製作一份將在戲劇中出現人物的清單。孩子們從讀劇的經驗中，應該已經熟悉演員陣容甚至**出場人物**表的概念。阿瑟、漢伯太太、梅蘭妮和她的爺爺是原始故事中就有的角色，但孩子們很快就會發現光有這些角色，是很難把故事說清楚的（除非阿瑟有一些超長的獨白！）一旦孩子們了解到故事還提到了兔子、蛇和魚，而插圖也包含了其他更多的動物，便開啟了以不同方式重述這個故事的可能性了！

討論過故事的可能場景後，可以用集體寫作的方式寫下第一場的內容。孩子可能提議戲的開場發生在寵物店關門之後的夜晚。也許阿瑟正告訴其他的動物，他擔心自己永遠無法得到一個家。其他動物們如何回應？他們全都表現出善意、協助，或某些動物不是那麼友善？哪一種情形能產生較佳的戲劇效果？當寫好一小段對話之後，讓孩子們起身，試著用不同的方式大聲唸出台詞並加上動作，看看戲的表演成效如何——唯有如此，孩子們才能判斷他們的書寫是否具有效性。

在接下來的集體寫作活動中，您需要思考戲的整體結構——共有多少場，各發生了什麼事？一旦發展出大體輪廓，可以分派各組負責構思某一場的內容。然而，值得注意的是，前提是全班已經充分討論過角色以及呈現角色的方式，否則各組可能以截然不同的方式發展角色，而使整齣戲缺乏連貫性。當小組構思特定場景之際，鼓勵他們試著把對話唸出來——它們在表演中聽起來如何？在團體時間，小組可以呈現他們的作品，但同樣地，務必鼓勵他們演出來而非只是大聲讀劇。

進階活動可以讓小組為彼此的腳本片段做註解——哪裡不夠清楚？需要加上舞台指示嗎？究竟該給表演者多少詮釋的空間？可以花幾堂課的時間，按照戲在表演時的狀況，將劇本寫下、修改和編輯。完成劇本之後，孩子們極可能想要將它演出。既然這堂課很可能在秋季進行，而耶誕節又是小學表演的好時機，可以運用第六章的一些概念，讓整個計畫以呈現整齣戲的方式達到高潮。何妨在表演之後販售孩子們創作的腳本呢？

羅密歐與茱麗葉（適合小學六年級的孩子）

教學架構建議六年級第一學季的教學範圍應包含「適時教授莎士比亞的戲劇」。與這個年紀的孩子共事，您不可能期待他們逐字細讀劇本，但他們極可能樂於探究莎士比亞語言的短篇選粹，特別是當這些語言被置於整個故事脈絡中的時候。Leon Garfield[4] 的《莎士比亞故事》（*Shakespeare Stories*）選集是本極佳的材料，因為作者不僅幫助讀者清楚認識戲劇情節，也在行文中大量運用莎士比亞的對話。除非您對《羅密歐與茱麗葉》（*Romeo and Juliet*）這齣戲知之甚詳，我們建議您在本單元開始之前，先讀讀 Leon Garfield 版本的《羅密歐與茱麗葉》。

以下活動多在語文課外進行，您將需要一個大的空間——如禮堂。課程一開始，可以進行「眼神交會」的遊戲。比方說，全班圍成一個圓圈，您僅以眼神和一些小而不作聲的暗號（如眨眼、揚眉），示意全班每一個成員坐下。接著您可以變化遊戲，示意第一位學生坐下之後，由他／她接著示意下一個學生坐下，依此類推——每一個人必須專心注視前一個坐下的那位同學，因為自己極可能是接下來被他／她示意的對象。

再來，讓孩子兩人一組——他們必須繞行空間，同時與搭擋保持四目交接。接著，兩人一組可擴充為四人一組——這一次，原先成對

---

[4] 譯註：Leon Garfield 是英國知名兒童文學作家，作品叫好又叫座。國內可見的《莎劇動畫》即是由 Leon Garfield 擔任劇本改編的工作。

的兩人一塊兒繞行，並且持續注視他們的「搭擋」。孩子們如此經驗數次之後，您可以暫停活動，讓他們討論感覺如何——這種情形可能在怎樣的地方發生？孩子們將注意到它製造出一種冷酷而具侵略性的氛圍。接下來分給每組以下出自《羅密歐與茱麗葉》第一幕第一場[5]的台詞：

葛列格里：我走過去對他們皺個眉，瞧他們怎麼樣！

桑 普 森：好，看他們有沒有膽！我要朝他們咬我的大拇指，瞧他們能不能忍受這樣的侮辱！

亞伯拉罕：先生，你朝我們咬你的大拇指嗎？

桑 普 森：我是咬我的大拇指，先生。

亞伯拉罕：先生，你朝我們咬你的大拇指嗎？

桑 普 森：（問身旁的葛列格里）要是我說是，那麼打起官司來時是我們占上風嗎？

葛列格里：不是。

桑 普 森：不，先生，我不是朝你咬我的大拇指，可是我確實是咬我的大拇指。

葛列格里：你是要向我們挑釁嗎？

亞伯拉罕：挑釁！不！哪兒的話！

與孩子們一起讀這些台詞，探究它們的意義，然後讓孩子四人一組讀這些台詞——鼓勵他們起身，試驗說這些台詞的不同方式。記得

5 譯註：以下翻譯參酌朱生豪的《羅密歐與茱麗葉》中譯本，頁10。

提醒學生，另一個角色巴夏沙雖然在這一場中沒有發言，卻是在場的。讓小組中的第四個學生扮演這個角色，站在亞伯拉罕的旁邊，或許「複述」亞伯拉罕每一句台詞的最後幾個字。

當各組已經練習過這些台詞，讓他們分開，也就是扮演亞伯拉罕和巴夏沙的孩子遠離扮演葛列格里與參普森的孩子。接著兩方朝彼此走近，維持先前遊戲的眼神交會狀態，當兩方靠得夠近時，演出上述台詞的場景。所有的小組同時演出。

讓孩子們再做一次，要求他們不要在場景結束時停下來，而是繼續發展爭執。他們可以自己加一些詞或者重複他們已經說過的台詞，爭執必須更為激烈但不能有任何肢體上的碰觸！當這一場已經達到某種漸強的效果，教師朗誦以下這段改編自王子演說的台詞[6]：

王子：目無法紀的臣民，擾亂治安的罪人！刀劍都被鄰人的血玷污了——他們不聽我的話嗎？喂！聽著！你們這些人，你們這些畜生！趕快把你們的兇器丟到地上，靜聽你們震怒君王的判決。凱普雷特，蒙太鳩，你們已經三次為了一句口頭上的空言，擾亂我們街道上的安寧。要是你們以後再在市街上鬧事，我就要拿你們的生命作為擾亂治安的代價。現在別人都給我退下去！凱普雷特，你跟我來；蒙太鳩，你今天下午到村的審判廳裡來，聽候我對於今天這一案的宣判。再一次，念在死者之痛，大家退下！

---

6 譯註：以下翻譯參酌朱生豪的《羅密歐與茱麗葉》中譯本，頁14。

孩子們不需要理解這段演說的細節，因為您可以藉由演說的聲調傳達出大部分的意義：王子非常生氣！您可能希望在集體閱讀時間更仔細地探索這段摘錄內容，可是此刻只要孩子們知道戲開始時的氛圍就已經足夠了——兩戶人家為世仇，而微小的爭端總是存在著擦槍走火的危險。以此開始，您可以發展戲的其他部分。

將全班分成八組，讓每一組根據以下標題創作一個靜像畫面：

1. 一場正式的舞蹈
2. 一張在窗邊被瞧見的美麗臉龐
3. 一樁祕密的婚禮
4. 一場有兩人死亡的械鬥
5. 懇求生存
6. 被永遠放逐
7. 被命令結婚
8. 祕密計畫

記住情節綱要（或者您根據Leon Garfield的版本做了點筆記）後，您可以運用孩子們的靜像畫面來說這個故事。一旦孩子們已經知道故事，要求兩個孩子當已故的羅密歐和茱麗葉的塑像。然後邀請他們分別以某種方式加入上述靜像，表現出他們乍聽故事時的態度或感覺：他們可能站在已死戀人身旁但背過身去；他們可能跪下來宛若在祈禱；他們可能只是哀戚地垂著頭。用這種方式，您可以集合出一個全班的靜像畫面，就如同故事中最後的戲劇性場面一般。針對這個畫面，您可以朗誦劇中的最後幾行台詞[7]：

[7] 譯註：以下翻譯參酌朱生豪的《羅密歐與茱麗葉》中譯本，頁218，220。

王子：清晨帶來了淒涼的和解，太陽也因悲悽而不願露臉。
大家先回去發幾聲悲嘆吧！該恕的該罰的再聽宣判。
古往今來多少離合悲歡，誰曾見比茱麗葉和羅密歐更
加不幸的故事。

運用我們在此概述的方法，便可能在一小時中具體而微地介紹這齣戲。顯然地，這個作品還有延伸探索的潛力，但這個方法證明了在擁擠的課表中，如何向學生介紹並讓他們積極參與這齣戲的可能性。

戲劇和非小說文學

戲劇能運用故事來探索人類重要性的議題，這是我們在本書中一再強調的原理，可能暗示著不大可能通過戲劇鼓勵閱讀和書寫非小說類散文文學。然而，要成為非小說文學的良好讀者和書寫者，孩子們需要了解並且熟悉作品的**情境脈絡**：它為什麼是這樣寫的？它是為誰而寫的？它的意圖是什麼？許多教師會試著藉由選取真實情境中的例子來克服這些問題：像是探討地方議題、投稿至地方報的信件；孩子們所熟悉產品的廣告；孩子們正在研讀、與課程其他領域相關的非小說文學。挑選像這樣的素材是一種很好的方式，讓作品與孩子們切身相關，有助於孩子們理解非小說書寫的社會情境如何同時決定了內容（寫了什麼）和形式（寫的方式）。然而，教師並非總能找到這些「真實的」情境，特別是當教學架構清楚設定了在特定階段應研讀之非小說文學類型。但如以下範例所示，通過戲劇，可能創造出讀、寫非小

說文學的虛構情境。

一、非小說文學和想像的戲劇

在第三章，我們概述了在低年級計畫想像性戲劇的模型。提示的每一個情境提供了許多讀、寫非小說文學的機會。比方說，保健室有許多關於保健的折頁和海報、看診時間的公告，以及病患可以在哪兒得到幫助的相關訊息。除了蒐集這些陳列在保健室的真實材料，保健室的情境為孩子們提供了許多實驗寫作的機會，而文字的需求來自於保健室發生的事：教師可以提到最近有很多食物中毒的病例，也許需要張貼一些關於食物衛生的海報。海報或折頁可能在語文課集體寫作的時段完成，但因為孩子們了解了這個狀況，他們會比較容易理解要如何寫以及為何要如此寫。我們在第三章所列的例子提供了各種情境的許多可能，一些由孩子們發起，其他由成人提議。

二、入戲閱讀

對孩子們而言，如果能在角色（或「框架」）中閱讀，要他們做出真誠而有建設性的評論是比較容易的。比方說，如果您和孩子們看的是廣告，您可以要全班想像他們是一間公司的董事會，已經委託廣告公司為一項商品做活動。您扮演廣告公司的代表，帶來廣告的草稿——它可以是從報紙或雜誌剪下來的，或者您可以從語言教學的補充教材中尋找虛構的例子。重點在於您派給學生的角色是權威性的、專業的和挑剔的——在這個虛構的情境中，您的地位較學生低，而這將鼓勵他們以比準備平常課堂討論更嚴謹的態度閱讀廣告內容。要孩子們以「假設我們是……」的方式閱讀，是一種您可以經常運用於語文和戲劇教學的策略。

三、非小說文學作為延伸戲劇活動的一部分

在第四章中，我們看過一些說明戲劇如何聯結到小學課程其他領域的例子。範例四描述了一個由五年級某班從事的方案，探究建造水庫會對當地社區造成什麼衝擊。像這樣的活動提供許多聯結至語文課的機會。國定語文政策中五年級的教學範圍包括了：

- 寫作提出或主張某個觀點的說帖：書信，評論，目的在說服、批評、抗議、支持、反對或抱怨的折頁。

可以在語文課分享這些形式書寫的範例，幫助孩子們理解文字的結構方式以及語言風格的特徵。當您要求孩子們書寫時，充分了解這類書寫的形式、風格以及書寫情境，將有助於孩子們完成工作。孩子們的挑戰也來自於試著從各種不同的觀點思考。當您撰寫邀請居民出席會議的信時（可以經由集體寫作完成），孩子們從水公司的觀點看整件事，但稍後在戲劇中，他們被要求以受衝擊的當地居民的角度讀這封信，並做出回應。隨著故事發展，居民可能希望寫抗議、反對或抱怨的信：您可以透過語文教學，進一步發展他們書寫的技巧。

經由將這些書寫的形式和水庫的故事聯結，孩子們更清楚地了解書寫的形式和內容如何取決於書寫的情境。雖然我們處理的是**非小說的題材，虛構的情境**可以讓孩子們覺得它們更加切身相關，並且更容易理解。

第六章

小學中的戲劇活動、團體與表演

表演是戲劇活動的中心。前幾章敘述了孩子不但有機會在教室中的戲劇活動中塑造、排練並展示戲劇的素材，運用空間、物件、時間和到位，而且可以觀看並對彼此的作品互相給予意見。這種形式表演的特色是：只在教室這團體中發展並分享，它不是專門為了其他觀眾而表演的，通常也不會為了滿足外部觀眾的觀賞需求而經歷冗長的製作過程。然而，為觀眾而設的戲劇演出，無論在教育還是文化地位上，的確在小學中扮演意義深遠的角色。因此，我們現在要轉而注意的是這種為了教室外群眾而進行的表演活動。

一個學校就是一個社群，而各式各樣的表演——集會、宗教慶典、音樂會、戲劇演出——將社群的成員們聚在一起，表達並慶祝他們所分享的價值。很多學校承認並重視戲劇活動在幫助培養並建立團體認同的重要貢獻，而戲劇活動也經常在學校的集會，像聖誕節、光明節[1]的宗教慶典，以及期末成果展中起了很重要的作用。像這樣的表演活動不僅能夠更廣泛吸引家庭、校方董事以及有關人員的注意，並且能夠在當地提高學校的地位。對於在這樣表演中擔任角色的學生而言，所遇到的挑戰是很大的，包括承擔義務、專心並進行團隊工作，不過，對這些挑戰進行成功的協商將有助於獲得集體成就感。這種表演有助於引發的歸屬感和團體認同，是戲劇活動能夠對孩子的社會與道德發展有所貢獻的其中一種重要方法。

因此，強調團體是很重要的。藉著您所採用的劇場模式，當大家朝著表演而努力時，團隊意識將能獲得提升。我們相信，小學階段特

---

[1] 譯註：原文Diwali，又名排燈節，是印度教、耆那教、錫克教和佛教節日，遍地燃起燈火，象徵正義戰勝邪惡，也是喜慶和人類希望的標示。

別適合以**群體**的方式來籌畫和表演。在這過程中，團體討論以及透過集體創意工作，使劇場成為活的文本，劇本並不趨向於預先決定，而是在創作戲劇的過程中產生。這樣籌劃文本的模式對於時間、空間、投入表演的人數以及個人特殊的才能，是具有極高適應性的；然而，大多數腳本卻傾向於預先將這些需求都設定好，對於特殊的演出條件自然不予考慮。在戲劇表演中，這樣的模式去除了明星的概念，再一次強調團隊合作以及合作關係，讓表演者彼此截長補短，而不是針對少數人給予極大的挑戰，多數人卻感到缺乏挑戰性。這樣的模式是流動的，隨著集體演出角色，個別表演者會在群眾角色與主要角色之間變動，而透過肢體的姿勢、聲音、音樂以及動作，能和台詞一樣建構出豐富的意涵。因此，它的順應性容許加入其他的表演藝術形式，像是舞蹈和音樂便很容易融合於最後的表演中，如此一來，就為比較長於肢體表達但拙於言詞的孩子們，提供了更寬廣的機會平台。這樣靈活的表演模式與前幾章我們提及的教室戲劇方法有著明顯的關聯。

有時候，學校以戲劇社團的形式為戲劇提供了寶貴的課外活動時間，這樣的社團可能以表演為導向或不以表演為導向。以下要介紹的兩個小規模戲劇表演，為小規模的小學生劇團提供了可能的模型。它們可以被改編並在課外活動的架構下進行，不過它們之所以雀屏中選，是因為它們是以一整個班級的方案來設想和發展的，而且主要在課堂中進行，僅少部分運用到課外的時間。這整體模型為您提供了和其他課程領域相聯結的機會，最明顯的是音樂與舞蹈，不過其他科目亦然——英文課程：您能夠發展書寫活動，並能從討論中探討故事、寫作，以及更深入的閱讀活動；心靈、社會以及道德課程：一些位居戲劇核心的問題和主題，得用更概括性的語言進行探究；而資訊以及多媒體科技可運用在安排音效與燈光方面，以及包括票務、節目單設計等文宣工作。這些教案不僅依循小型劇團的工作方式，在將之發展為全班或全年級的表演上也具有足夠的彈性。

範例一　巫師的女兒（適合小學六年級的孩子）

這是 Antonia Barber 所創作，由 Erroll le Cain 繪製插圖，並且由 Red Fox 出版的故事，敘述著一位法力強大的巫師，與女兒一同單獨生活在白雪覆蓋的寒冷山巔。這女兒從不知道宮殿之外的世界，以為宮殿圍牆以外沒有其他生物，而她還沒有名字。故事中的事件是以她的青春期為背景，這個時期她愈覺孤獨、焦躁不安，並且和她的父親愈來愈疏遠。這魔法師希望用更多的時間閱讀他的書籍，尋找能讓他長生不老的魔法，於是變出許多故事書，讓他的女兒消磨時間，使自己能不被打擾。但是從這些書中，她發現在宮殿之外有另一片天地的存在，世界上居住著許多不同的人，那些人都有名字；那裡的孩子們不但有爸爸也有媽媽。她去問巫師，但是他卻拒絕告訴她關於她名字或出身的事，反而想要哄騙她相信她沒有母親，是他用魔法從一朵玫瑰中變出來的。她懇求他讓她再成為一天的玫瑰，他答應這麼做；但是變成玫瑰的經驗讓她確信，自己從來都不是一朵玫瑰，隨後變成魚和小鹿的經驗更加深了這個信念。了解巫師絕不會告訴她實話之後，她暗中計畫逃亡，並且要求巫師將她變成一隻老鷹；不過，巫師微笑著告訴她，她從來都不是一隻老鷹，只是一隻「漂亮的飛鳥」。作為這樣的一隻鳥，她飛過了宮殿的圍牆並穿越山嶺以及森林，但是，在一天費力的飛翔之後，魔咒消失了，她變回人形，從天上掉了下來。一位山上的牧羊人找到她，並將她背回他與母親共有的農場，這女兒恢復意識時，看見一位年長的婦人在照顧她，並留下了眼淚。婦人解釋是她讓其想起了在多年前遺失的女兒。多年前有一位商人經過這兒，被小女孩逗得開心，便提議要買下她，這個提議被拒絕了，但是就在第二天，小女孩就消失了，沒有留下任何線索。這女兒覺得這就是她的故事，問到這女孩的名字；就是「奚飛燕」，實際上也是「漂亮的飛鳥」之意。巫師的女兒找到了屬於她的真實身分，以及她的親生母親和她們真正的家。

這個故事創造了一個幻想和魔法的動人世界，象徵性地探究身分議題、親子關係、大自然的力量，以及無法逃避的死亡等問題。它也運用了既有的童話故事，只不過是以挑戰傳統故事基調的方式。例如，故事裡有一位邪惡的養父而不是後母，並且女主角得到快樂，是透過遠離而不是朝向公主生活的物質財富的旅程才實現的。這些構成故事整體的主題，也可以在其他的課程領域中探究其細節。接下來是專注於戲劇活動的細節，主要經由一整個學期、每週一小時在禮堂進行的戲劇活動發展而來，並以兩個部分呈現。第一部分鼓勵孩子們透過戲劇活動探究故事的主題，容許他們在聽故事之前發展和實驗故事的各種可能。接下來的策劃過程是建立在第一部分的工作之上，為表演目的而發展新的素材。

一、探究故事

1. 孩子們圍坐成一圈。所有的人輪流說出他們的名字，並提供任何有關自己名字背後的故事——他們知道自己被這樣命名的原因嗎？他們是否了解自己名字的由來、意義，或者任何歷史或故事中的名人和他們有相同名字？

2. 教師入戲成為巫師的女兒，向孩子們介紹她的苦境：

「我是巫師的女兒。我和我的巫師父親住在這裡，就在世界頂端的宮殿裡。他叫我女兒，我叫他爸爸——在這個宮殿裡是沒有名字的，我也從來沒有到過圍牆外面。當我年幼時，他會陪我玩耍，但現在卻只是在他塔頂的房間裡鑽研他的書籍。有一天，我試著去了解是什麼讓他這麼專心，但是，他卻對我發了有生以來第一次脾氣。接著，他揮手要我回到房裡看自己的書——故事書，我的確看了，並且，在書中我發現圍繞在宮殿外圍山地的許多地方，那裡不只有女兒和爸爸，也有兒子和媽媽。而且他們每一位都有名字。我想要找到我的母親，還想知道我的名字。」

3. 教師脫離角色之後，請孩子們根據他們對於這女兒已知和未知的部分，來思考她的處境。接著，教師重新進入角色並告訴孩子們，他正坐在一間四面都是鏡子的房間中央。他們每一位都是她的映像，而且如果他們想要，便能問她問題。他們也可以就她要如何從巫師那兒知道自己身世和母親身分給予建議。教師在角色中運用原本的故事來回答。

4. 孩子們被告知，隔天早晨，巫師的女兒已經決定要去詢問巫師，並且試著盡可能地找出答案。接著，她做了一個夢，夢到她偷偷地潛進巫師的房間，仔細地瞧著他書本中的魔咒，其中一個讓她充滿恐懼，另一個則是讓她充滿希望。請孩子們思考這些魔咒可能是什麼。運用靜像畫面，每一組創造一個書中的畫面以表現出這樣一個魔咒的後果。他們接著創造咒語，當他們構成畫面時，吟唱出來。他們輪流互相觀賞。

5. 孩子們安排空間以表現巫師高塔中的房間。在**集體角色**中，他們其中的四至五位扮演巫師，其餘的扮演他的女兒。在戲劇扮演活動開始之前，教師輕聲吩咐巫師在回答時，要避免說出該女兒想要知道的答案。這麼做是藉由確保角色扮演活動聚焦於兩人之間的緊張關係，而不是劇情議題，幫助孩子們維持住必要的戲劇張力。在這角色扮演活動中，教師維持場邊教練的身分，適時為兩造任一方提供建言。
6. 孩子們討論巫師與女兒談話的僵局，並推測女兒現在可能採取的行動，尤其是她要如何從從巫師身邊逃走。
7. 教師轉移焦點至一位住在山另一邊的婦人。在角色中，她抱著一個布娃娃，並述說她是如何在一個舊皮箱中找到它的，她很難過，因為它使她想起了曾有個女兒，但她已經失蹤很久了。接著請孩子們確定這位婦人是該女兒的母親，接著以教師入戲的方式讓她進行坐針氈活動。
8. 孩子們現在推測這母親與該女兒可能會如何重逢。他們以小組進行的方式，用以下童話故事遵行的架構原則來設計這故事的結局。

- 必須有魔法。
- 該女兒必須經歷一段旅程。
- 最後必要的那一幕必須對我們呈現出該女兒的名字，並告訴我們，她是如何和她的母親分離的。

這些是能被琢磨推敲，並可以在非常精簡的短劇中呈現出來的。

9. 孩子們觀察並討論許多不同的結尾。這時是最適合展示故事書以及邀請他們聆聽原故事的時機。

二、在戲劇表演中的故事

以下提供的表演結構只是一個架構，但是就其本身而言，它是富有彈性並且可改編的，容許您根據孩子們的能力以及他們先前在戲劇活動中的經驗，賦予他們各種不同的任務。作為一個文本的架構而不是完整的、書面形式的劇本，這意味著您與孩子們大部分需要自己構思，而且與此同時，您可以從原來的故事和孩子們所創作的版本來自由發揮。

表演需要平坦的大空間，一般學校禮堂即可。燈光設備是有幫助的，但不是必要的。服裝可以非常簡單，每一位孩子可以穿著黑色的毛線褲以及一件不同顏色的簡單 T 恤。

表演描述	過程筆記
在一場地的角落中，一組孩子運用電子琴、可做音高變化與無音高變化的打擊樂器和錄音器材，來表演一段簡單的音樂。孩子們依序入場，說出各自的名字，有幾位加上一些字詞來說明其意義或出處。他們六或七人聚成一組並靜止不動。	其中的音樂與國定課程中「表演與作曲」部分的能力指標 1 聯結。音樂表演者將參與許多隨後的非音樂活動，先將他們的樂器留在場地中，並在需要的時候返回使用樂器。

一段簡短的連接敘述介紹這個戲劇活動。「我們都有名字，沒有名字的生活是難以想像的。我們的故事述說的是一位沒有名字的漂亮公主，和她在尋找名字過程中的發現。」

這個以及之後的連接敘述，可以由教師和孩子在籌劃的最後階段一起創作。他們保證了故事敘述的連貫性。這部分的表演可以分配給孩子執行，有時候也可以襯上開場樂。

這些小組依序表演出不同的形狀，個別呈現出巫師山頂上宮殿的樣子。每一個形狀在鈸聲響後被呈現出來，並搭配著一旁幼兒表演的聲音／響聲拼貼。一位孩子在各組間和周圍跑著，手上揮動著一條白色的長絲巾代表雲和山上的霧。

所表演的形狀受到原書第一頁醒目插圖啟發。這和國定舞蹈課程有著明顯的關聯。聲音拼貼的創作包含了山頂上刮風的聲音，以及故事書開始幾頁中提及的音響。

簡短的連接敘述介紹了接下來的圖像，從以下詞句開始：「在世界之頂的一座宮殿裡，住著一位法力強大的巫師和他漂亮的女兒……」

一位幼兒扮演巫師的角色，身披一塊布料並且手拿權杖。他訴說著他的法力、念著魔咒，而他每一次揮動他手中的權杖時，鈸聲響起，然後孩子們變成為咒語描述的圖像。

這些魔咒取自孩子們在「探究故事」第四步驟的創作成果。

小組散開，所有的孩子們圍著一位孩子形成一個圓圈，這個孩子穿戴一件裝束（方形披巾或圍巾）代表她就是巫師的女兒。教師在一開始時的開場獨白，現在由巫師的女兒表演出來。她以一段重複出現的夢境結束表演，在夢中她走在一條永無止境的迴廊上，就像是在一個圈套中。

在每一場景中，巫師及女兒可以由不同的孩子來扮演，運用服裝即可識別他們的身分。扮演同一角色的孩子也能運用統一的動作、姿勢和聲音腔調。

這些小組依序表演出不同的形狀，圖像溶解，孩子們三人一組，透過一連串的肢體意像表演這夢境，並以一段長的彩布來表現圈套。他們配上預錄的音樂來演出，以創造出一種神秘的、像夢境一般的氣氛。

在孩子們實驗了許多這類的意象之後，請他們選擇三個在層次和方向上有變化者，然後透過動作把它們連在一起。

連接敘述：「在一個早晨，巫師的女兒從夢境中醒來，儘管害怕，決定去找巫師問清楚為何她沒有名字，為何她沒有媽媽……」

兩個孩子在場地中央的下舞台區位，展演一段巫師與女兒在高塔中的靜態畫面。接著，整個班級分為兩組，分別聚集在兩個角色旁邊，代表該角色的**他我／腦海中的聲音**。接著而來的是巫師及其女兒的一段對話，每一句台詞由代表該角色他我的其中一個孩子說出。當每位孩子唸台詞時，都要向前踏一步並伴隨著做出一個動作。這個動作要維持靜止至整幕結束。

這段對話已經被教師改編，但素材取自原書，以及在「探究故事」第五個步驟所創作的角色扮演。用麥克筆把它寫在一大張紙上，並在每一行上編號。孩子們先把整段唸過一遍，接著將它斷句，分配個別的台詞予以閱讀、復誦和學習。這對話結束於一適當的戲劇時點，突顯女兒的挫折，也強調她的決心。

連接敘述：「那個夜晚，當巫師睡著時，女兒躡手躡腳地走進高塔。她知道他的魔法有辦法讓她逃走。她打開那本書，並研讀著在書封面底下的那些咒語……」

一位孩童扮演女兒的角色，在場地中走動，並拿著那本魔法書。當她翻頁的時候，孩童們在這場地各處依序表演咒語所呈現的畫面。最後一個咒語把她變成一隻小鳥，並以聲音漸強和打擊聲響來表現。

咒語可以取自先前描繪巫師法力的活動，在此複述。或者，魔咒可以表現出女兒在原始故事中所經歷的不同變化（玫瑰花、魚、小鹿）。

教師已和孩童們討論是否要運用書中提示方法逃走方法。這是他們所同意的，因為他們對於演出她飛翔的可能性而感到興奮。

一位孩童揮動一面以彩綢繫在竹莖尾部的大旗跑著穿越空間，並搭配著敘述和預錄的音樂，代表女兒飛過了高山並穿過森林。當敘述者描述她的旅程時，一組一組的孩童們運用肢體創造出她行經的山、森林、小溪和瀑布。

拿著旗子奔跑是個重要的角色，需要訓練和練習。這也是一次每個孩子都值得一試的美好經驗。教師已確認在整個策劃的過程中，所有孩童都有機會玩一玩這面旗子。每一次演出這段戲劇時，都由不同的孩童擔綱這任務。

女兒飛行的畫面驟然結束。孩子們消失，主旋律重新開始，並且簡短連接敘述介紹一位孩子扮演那位母親的角色，抱著布娃娃。當她表演一小段獨白的時候，孩子們聚集在她的身後，並且輕柔地哼唱著。

這段獨白已經在第七步驟由一位孩子編成腳本。

由孩子們設計的其中一種結局，已被採用構成戲劇結局的基礎。教師對於它的改編進行指導，以符合這整齣戲劇表演的藝術手法。

這個結局是在與全班就概念和第九步驟表演的品質考量後選擇出來的。

這表演在慶祝的唱歌與舞蹈中結束。當歌舞結束時，孩子們再次創作開場時巫師宮殿的畫面，巫師在他們中間，風環繞山頭呼呼作響。一段簡短的敘述推測著他的命運，然後，那些畫面緩慢並安靜地倒塌於地。

這歌曲的音樂以及歌詞主要是由一組指定的孩子們利用午餐時間創作和改編的。音樂科召集人提供幫助以及支援。

 雪后（適合小學二年級的孩子）

一位老師以這個由安徒生創作的知名童話故事作為一個歷時半學期、小型表演的教案的基礎。這是一個徹底統整的主題，結合了戲劇、舞蹈、英文以及視覺藝術的活動，並且幾乎全在這些學科的課程時間內完成。僅有在戲劇表演前的最後幾天，需要一些額外的時間在禮堂練習。下面的簡短筆記概略敘述了那些透過舞蹈和戲劇來表演的場景。一如《巫師的女兒》，每幕之間是藉著故事敘述的方式來連接的，而這個例子主要是藉由一首歌的詩行，它在音樂科召集人支援下獲得發展，並由所有的孩子們一起演唱。其中一些音樂的創作與錄製是在音樂課中完成，另外還運用希臘作曲家 Vangelis[2] 的《南極物語》（Antartica, 1983）的電影配樂。孩子們穿著簡單的白色、淡藍色或紫色的服裝。

---

2 譯註：對讀者而言，這位作曲家最耳熟能詳的作品大概是電影《火戰車》的配樂。

表演描述	過程筆記
開場的歌曲詩文介紹了葛妲和凱的關係以及鏡子粉碎一事。	
表演以各組孩子的靜像畫面開始，描繪出葛妲和凱的友誼。	這些是從孩子們的想法中發展出來的，並且創造了男孩和女孩一起玩耍的畫面。
孩子們表演了鏡子粉碎的過程。一對對的孩子互相以緩慢的動作做出如鏡子般的反射。忽然，鈸聲作響，他們靜止不動。當鈸聲重複出現時，他們持續以不同的、不平整的形狀靜止著。重複唸著像是「嘩」、「啪」、「轟」、「碰」[3]的字詞開始進行聲音拼貼，愈來愈大聲，直到孩子們和他的夥伴彼此遠離。當那些字詞以最強的音量唸出時，五個人形成一組，面對觀眾做出具有威脅性的姿勢。忽然一切變得鴉雀無聲。接著傳來風聲，孩子們悄悄地溜下舞台，像是被風吹走一樣。	一開始的動作很顯然是從第一章的鏡子練習發展出來的。語言活動是在課堂時間進行的，用來創作視覺詩（visual poem）[4]以及探索擬聲法。

[3] 譯註：原文運用了英文中 splinter、shatter、crack、smash 等擬聲字。

[4] 譯註：視覺詩結合了視覺藝術與文字，將文字與意象放在一起，使詩成為一件視覺藝術作品，並藉此在文字與意象之間尋求創造意義。

歌曲重新開始。我們聽到葛妲和凱正在雪中玩耍，而且有一群孩子正演出一些像是打雪仗和乘坐平底橇滑下山坡的活動。歌曲告訴我們有一片鏡子碎片掉進凱的眼睛，而且我們聽到一個男孩的尖叫並看到他抓自己的臉。歌和活動突然停止，孩子們聚在一起圍繞著凱，但是他無禮地對他們大叫要他們別管他。他們照他的意思做，而葛妲是最後一位離開他的。

關於遊戲的描述一開始是從即興的想法發展而來，但是，最終的作品是在老師指導下，謹慎地精心製作並編排完成的。

凱躺下來了，歌曲讓我們知道當大風雪來臨時，他睡著了。有一些孩子現在表演雪舞，像是雪花般的滑動著，改變速度以及高低位置，像雪一般飄落聚合，威脅性地朝向凱靠近，而在他看來要醒的時候，又後退離開。在他們之中，雪后跳著舞，穿著她的斗篷旋轉。最後，她和雪花們聚集在凱的上方，並且重新形成一個巨大的雪橇，由雪后駕馭著，凱坐在她旁邊。歌曲告訴我們雪后將要帶凱前往冰雪皇宮，也就是雪后的家。

孩子們已經在數學課中學過了雪結晶的形狀以及對稱形狀的知識，這讓他們知道要使用的形狀。透過像漂浮、滑動等字詞，讓他們知道要做的動作。音樂是在音樂科召集人的支持下創作完成，主要包含定音和無調性的打擊樂器以及聲音拼貼。雪后的斗篷是以床單做成的，由孩子們設計，某位家長縫製。它的圖案是由孩子們從對摺的紙剪下對稱的雪片圖案，用針別在斗篷上作為模板，然後透過擴散器吹出藍色和紫色的墨水。

葛妲尋找凱的旅程以一系列的靜像畫面展現。這裡的敘述方式用齊聲說的方式，搭配著提示河水淙淙、馬匹嘶鳴以及暴風雪等的音樂聲效。

孩子們在課堂作業時已初步發展了這些畫面，他們在這故事上做了功課，並運用一些第二章提供的策略。教師配合孩子們精心完成的圖像來編寫敘述的內容。

歌曲簡潔地繼續這個故事，它的敘述讓我們知道葛妲已經抵達冰雪皇宮，孩子們形成一個大團體的樣子，並且運用白色網狀物以及白色長幡創造拱門以及迴廊，葛妲要在拱門的下方沿著迴廊尋找凱。動作襯上預錄的音樂。

教師運用在第一章描述過的「魔術師與迷宮」遊戲，讓雪后掌控迷宮。當她用她的魔杖點一下，銅鈸發出巨響，迴廊隨之轉變方向，這讓葛妲的尋找工作變得更加困難。

當葛妲在空間的一邊，看見凱在另一邊靜止不動並且呼喊著他的名字的時候，戲劇達到了高潮。文字拼貼輕柔地開始，當葛妲慢慢穿過由孩子們高舉的網狀物以及長幡屏幃時，聲音漸漸增強。例如：「跟冰一樣冷／雪后」和「溫暖的心／葛妲」的短語競相出現。當葛妲接近凱，慢慢伸出手並且握到他的手時，現場一片寂靜。當凱終於說出她的名字「葛妲？」時，雪后尖叫一聲，冰宮倒塌。

此處的高潮是教師將原本故事改動、簡化的版本。她的目的是要達到學生可以掌控的戲劇性高潮，並且與這個戲劇活動中的戲劇慣例相合。孩子們意識到這與老師曾在課堂中唸過的原始故事不同，老師也在教室的圖書角展示了不同的故事版本，鼓勵孩子自己閱讀。

歌曲再次響起，並且以慶祝的調子為故事畫下句點。孩子們快樂地在雪中玩耍的圖像，再次圍繞著手牽手的葛妲和凱。然後，當最後的詩行被複誦時，所有的孩子都牽起手。

給剛接手學校戲劇製作教師們的一些指導方針

1. 永遠在計畫和開始著手於該方案之前，和包括校長、副校長、階段或年級領導者在內的管理團隊討論戲劇演出方案並得到同意。要確定學校裡的其他教師已在教師會議中被告知。
2. 確認您盡可能不影響其他教師的工作。禮堂在課程內或課程以外都是頻繁使用的地方。當接近表演時間的時候，你會需要使用禮堂的額外時間。試著事先為任何額外的預演時段安排好時間表。
3. 在該方案開始的階段，安排好任何您會需要的額外幫助，不論是技術、服裝、音樂，或是在接近演出之前在教室中看管孩子。許多教師以及助教將會很高興前來提供幫助。一封請家長提供長布條、舊床單、特定服裝的信，會非常有益處。
4. 拿一本製作筆記，記錄誰曾經提供幫助並經常更新需求，或對特定場景做筆記等等。
5. 要準備好在製作期間放棄許多午餐時間，並利用這些時間對於特定的場景，與小組的孩子們一起工作。其中有些工作可能可以在比禮堂更小的場地進行。

6. 總是要監督課程之外的預演。就表演本身檢查有關火警預防措施、座位，以及禮堂容量限制的健康和安全程序。
7. 教育孩子對他們自己以及其他人作品有著高度尊重，並且教育他們紮實的表演紀律。擁有崇高但實際的演出製作價值觀。當接近演出時，您可能將會有壓力，因此如果可能的話，找一位同事在最後預演階段支援您。
8. 善用學校的攝錄設備。演出時錄影不只是為了日後參考，當這樣的演出列入課程中時，錄影也有利於評量。這可以用於讓孩子們觀察自己的進步，激勵他們在如何修正改進方面提出想法。
9. 請每一位孩子以個人名義寫一封邀請信給學校管理層，以及包括學校祕書、廚務人員、教室贊助者、打掃人員和廚師們在內的教職員。孩子們可以學習宣傳海報上的範本，並製作一份屬於他們自己的海報，展示在學校四周。
10. 將道具和戲服保存在貼有標籤的塑膠箱中。可以指派較年長的孩子們專責特定物件，從箱子中取出，把它放在正確的位置，以及在預演和演出之後，歸還至正確的箱子內。如果您這樣做，在每一位孩子的名字旁邊註記上他們的個別責任。
11. 拍照並在演出製作完成的時候，設置一個展示活動以說明製作過程，包括孩子們自己書寫的部分、對劇本的貢獻等等。如果可能的話，要求擺設在學校的入口，如此有助於戲劇活動引人注目，變成課程中可見以及有價值的一部分。
12. 當我們進行劇本方面的工作時，讓孩子們盡早開始背他們的台詞。在有腳本的戲劇中，僅著重於台詞的部分是有問題的，這對年幼的孩子們而言尤其困難。憑藉劇本演出遠比只是把孩子「堆」在合宜的舞台位置，以及要求他們大聲說話來得更為複雜。我在本書末的推薦書目中建議了一些書籍，它們針對在小學階段將劇本搬上舞台演出提供了一些很好的構想。

第七章

小學戲劇的發展、延續與評量

任何學校試圖設計戲劇課程時，一定會關切課程發展的議題。如果缺乏一套界定孩子在戲劇方面進展的架構，您和您的同事便很難規劃出中程和長程的戲劇課程。因此，一套關乎課程發展的架構必須為許多關鍵領域提供指導方針。首先也是最重要的是，它應該提供一個願景，說明孩子在戲劇求取進步所需要的技巧和知識，以及發展它們所需的經驗類型。這樣的願景除非能夠直接滿足您的課程設計，否則是沒有多大益處的。所以，一個關於課程發展的方針需要標明您可以在學校課程中的哪一個部分——在哪個年級、與哪個領域相關——規劃特定類型的戲劇活動。像這樣的架構將幫助您決定應該教什麼以擴展孩子們的技巧和知識，並引導他們經驗更為豐富的學習方式。同時，它將避免您所規劃的課程過難或過易的問題。而要有效施行，您需要知道孩子們已經學過了什麼，以及您需要教會他們什麼。這正是為何課程的「發展」和「延續」經常被同時提及；它們相互依存。

然而，如果您試圖在貴校規劃戲劇課程發展的架構，可能會面臨到一連串的困難。首先，未有一套議定的國定標準。再者，您學校的某些老師可能並不重視戲劇，或者他們可能看重它開發創意或想像力的部分，認為這樣的特質就已足夠，抗拒線性發展的簡易模型。此外，如同我們在第四章指出的，戲劇通常從英文和人文領域中擷取內容。如果它是以跨課程主題教學的方式實施，可能被視為增進孩子在其他課程領域學習的教學法，而非一門獨立的學科。在這樣的一個課程模型中，戲劇的課程發展也可能被視為是不重要的。最後，當教師被要求加重語文和數學等「基本科目」的教學時，可能不願意扛起規劃戲劇發展計畫的額外負擔。

有鑑於這些難處，本章的訴求對象是珍視戲劇同時明白戲劇課程的發展和延續甚為重要的您——不論您是專業或非專業教師。同時，我們希望提供您實際可行也支持小學階段戲劇教學的指導方針。我們的目標在建立原則並提供模型，幫助您訂定自己的課程發展架構以適應您任教的學校。一開始，我們將提供一些長程和短程規劃的基本原則，接下來，我們會探討與英語以及個人、社會和道德教育這兩個課程領域相關的文獻，能如何幫助您在學校中建構戲劇進程的模型。繼而我們將焦點轉向戲劇的學科獨特性，再次參酌既有文獻，提出一套涵蓋領域目標、基本能力指標以及指引方針的架構，並舉例說明相關原則在教學現場的實際應用。本章最後將針對評量提供一些方法，讓您在不增加太多工作負擔的前提下，系統化地評估孩子在戲劇的進展。

課程發展的首要原則

英國國家課程議會的出版品《藝術：5-16 歲》（*The Arts 5-16*）提出了四個課程發展的原則。我們認為這些原則合理充分，因此將它們列舉如下，並逐項提供我們針對戲劇所做的解釋：

1. 複雜性：意味著幼童處理的議題可以在他們更年長時，以更複雜、細膩的方式重新被討論。
2. 掌握力：意味著孩子們對戲劇表達媒介和形式的掌握應該與日俱增。
3. 深度：意味著孩子應該隨著心智成熟，從接受廣泛的戲劇經驗進展到更深刻地探索個別的方案。
4. 獨立性：意味著孩子應該更為自立，能夠對戲劇作品做出評價，並且明確有力地表達他們的看法。

為了能有效落實，上述原則必須涵蓋在普遍施行於全校的長程計畫之中。但不管是否有這種全校性的計畫，您每天要面對的是一群學生。就短程和中程而言，您最迫切的任務是做到以下三件事：

- 使課程目標與孩子的能力相稱。
- 激勵孩子們創作高品質的作品。
- 以孩子們既有的技巧和理解力為基礎來推進課程。

如果上述四個長程原則指導全校性的課程規劃，那麼這三個短程原則——相稱、激勵和推進——應該提示您如何為特定的班級或年級設定短程和中程的計畫。它們提醒您課程發展在教學規劃時的重要性——不單就全學季或半學季的單元課程而言，也就個別課程計畫而言。而如前幾章曾經提及的，為每一堂課設定明確的學習目標也同樣重要。

個人、社會與道德課程中戲劇的發展與延續

在戲劇中學習通常被理解成發展諸如同情、自信、自律、尊重和包容他人等特質，以及專注、傾聽和在團體中積極合作等能力。一些戲劇專家反對這種將戲劇視同為個人、社會與道德教育的看法，認為這些特質並非也不該是戲劇獨有的。論者以為，它們僅是一般性的教育目標，不應被視為是戲劇的特點，因為戲劇在藝術和文化實踐上有其自身的學習要項。即便接受這種論調，事實是——戲劇是一種社會

性的藝術形式，因而孩子們在參與戲劇時，或多或少都會涉及上述個人和社交的技巧，亦即戲劇和這些技巧之間存在一種雙重的關係——這些個人和社交的技巧不僅是實踐戲劇的前提，它們也在戲劇中被實踐。因為成功享受戲劇端賴這些技巧的實踐和運用，戲劇可以是一種特別有效的平台，讓孩子們通過經驗來發展這些技巧。當教師面對愈年幼的孩子時，愈可能把發展個人和社交技巧作為設計戲劇活動的首要考量。如此為之，教師其實為「關鍵學習階段二和三」[1]中更為複雜且自主的活動打下必要性的基礎。

個人和社交技巧與態度的進步是很難被偵測出來的。但是在英格蘭，全國性的方針可見於諸如《初階學習目標》（*Early Learning Goals*, QCA, 1999a）和 2000 年修訂的國定課程（*National Curriculum 2000*）中《關鍵學習階段一和二之個人、社會和健康教育與公民素養框架》（*Framework for personal, social and health education and citizenship at key Stages 1 and 2*）等文獻。而且，個別學校會提供有關孩子心靈、道德、社會與文化教育的指標。每一間學校在辦學理念中闡明它期望增進學生何種特質的願景，但有效的個人社會教育方針也將提供如何針對不同年級學生推動上述教育的範例。以下列表並舉例說明這樣的規範能如何引導教師針對特定年齡層的孩子設計戲劇活動。

[1] 譯註：英格蘭國定課程依年齡劃分為四個關鍵學習階段：第一階段涵蓋一、二年級，第二階段涵蓋三～六年級，第三階段涵蓋七～九年級，第四階段則涵蓋十、十一年級。

學習目標／方針	來源	範例
「在一年級結束時，多數孩子能參與團體工作，公平地輪流並分享，明白要遵守……共同的行為規範。」	《初階學習目標》23 頁	第一章提供的各種遊戲，如「豆子遊戲」和「傳遞鈴鼓」
「在一年級結束時，多數孩子能敏於他人的需要、看法和感覺。」	《初階學習目標》23 頁	孩子們在咖啡廳戲劇中探索幫助老年病婦的方法
關鍵學習階段一，「有各種不同類型的戲弄和霸凌，霸凌是不對的。」	個人社會健康教育 4e	孩子們明白女孩在學校不快樂是因為她受到欺負，而孩子們演出解決之道（泰迪熊戲劇，第三章）
關鍵學習階段二，「在團體中有各種不同的責任、權利和義務，它們有時會彼此衝突。」	個人社會健康教育 2d	森林動物的集會，討論森林的孩子的去留（第二章）

當孩子們漸長，他們在戲劇中所發展的個人與社交技巧，應該與戲劇形式本身的要求及需要更密切地聯結，特別是能夠發展他們自主性與獨立性的部分。比方說，一個參與學校演出的六年級孩子很可能被要求定期在午餐時間和放學之後參加排練——背誦台詞，記下肢體動作和動機，確保道具在表演前已就定位，並在多數時間保持肅靜。

這個孩子必須表現出可靠性、耐心、自律、體貼、對團體做出承諾和關心團體中的其他成員。戲劇這樣具體的要求是重要的，而且當它開花結果時，也是極具報酬性的——這裡顯示出學習經驗潛在的影響。

上面所舉的例子也說明了一個事實，因為戲劇總是**關乎**某事，它不僅探討內容也發展技能。正因為如此，如我們在第四章所見，戲劇可以從諸如歷史、地理、宗教教育等學科中擷取內容，同時賦予學習明確的道德面向。第四章的許多範例探討這類議題：

- 我們能總是仰賴別人提供我們所需的資訊嗎？（三年級）
- 團體要如何處置不合群的人？（四年級）
- 特洛伊人的美德與我們的有何異同？（六年級）

好的戲劇經常環繞著這些攸關人類意義的議題，而當戲劇起作用時，它能同時引發思考**和**情感。因此，在課程中安排道德教育是合乎常情的，讓這些議題不只被討論也被實地經驗。當孩子漸長，這些議題也會變得更為複雜——議題的複雜性是我們之前定義的課程發展原則之一。因此，舉例來說，一年級的孩子在遊戲中探索他們可以如何幫助年老病婦；而六年級的孩子則開始思考與美德概念有關的道德行為本質。如果您在學校負責戲劇課程，可以將這些議題協同您既定的教學計畫來進行。在英格蘭，像《宗教教育課表模型》（*Model syllabuses for Religious Education*, SCAA 1994）的官方文書和公民基金會出版品《你，我，我們》（*You, Me, Us*, 1994）都提供了針對特定年齡層的教學方針。

英語課程中戲劇的發展與延續

在某些國家，戲劇與英語因同為「語言藝術」而緊密關聯，在英格蘭的英語國定課程方針中，它們之間的關係也是被承認的。雖然英語國定課程方針並未詳述內涵，但屢次述及戲劇對說、聽、讀、寫英語的重要性。參考「說、聽研習計畫」能幫助您檢視您的戲劇教學是否在這些領域中提供豐富的學習機會和適當的挑戰。您可以對照以下，思考看看第二章提示的活動究竟為三至六年級的戲劇課程提供孩子多麼豐富的機會：

學生應該被教會：

⑴個別以及在小組中創造、改變並扮演不同的角色。

⑵運用角色、動作和敘述，在所創造和編寫的戲劇中傳達故事、主題、情感和概念。

⑶運用戲劇的技巧來探索角色和議題（如坐針氈、倒敘法）。

⑷評估自己以及其他同學對整體演出成果的貢獻。

如我們所見，戲劇的其中一個重要特色是運用故事。英格蘭國定語文政策的教學目標方案中另有補充方針，幫助您規劃孩子在不同階段理解故事結構的課程發展計畫。這裡摘錄各年級的目標，而許多可應用於孩子們的戲劇工作，如以下範例所示：

年級	教學目標	範例
一	識別並討論角色，如：外觀、行為、特質，並推測他們可能如何表現	孩子討論他們對泰迪熊以及擁有泰迪熊的那個女孩的印象（第三章）
二	討論並安排簡單的故事情節	孩子們製作一張《森林的孩子》故事的地圖（第二章）
	討論熟悉的故事主題並與自身經驗聯結，如：疾病、迷路、遠行	孩子把葛妲忠誠和友誼的表現比作自身經驗（第五章）
三	識別並討論主要角色和一再出現的角色，評估他們的行為並佐證觀點	孩子們讓獵人（第二章）坐針氈，在訊問之後討論他們對他了解多少
四	識別角色所面對的兩難困境，討論角色如何因應	孩子們在準備短劇前，與老師以及小組成員討論《森林的孩子》的新故事可以如何收尾
五	探究敘事觀點和對不同角色（如：英雄、惡棍）的處理，以及對不同角色作為的觀點	孩子們讓獵人坐針氈時，發現獵人值得同情的地方

當然，您不用受到這些目標或相關出版品所列目標的拘束——像繪製故事地圖也非常適合二年級以外的孩子，但是它們提醒我們，孩子有權獲得的經驗廣度，也指出了他們何時應該準備好接受特定的挑

戰。因此，比方說，這裡清楚提示孩子應該在五年級時能夠從不同的角度認識獵人。

閱讀和編撰戲劇文本是英語和戲劇另一個重疊的地方。在孩子們極年幼時，他們學著吟誦出在兒童唸謠中或是《小紅帽》故事結尾[2]的重複性詞語，接觸到接續對話的原則。戲劇閱讀可以成為導讀或團體閱讀時間中饒富趣味的部分，鼓勵孩子運用變化聲音的力度和調子來達成簡單的角色刻劃，而非只是解釋字詞如何發音。低年級時，孩子們應該能更流暢、獨立地閱讀這些文本，偶爾也可以鼓勵他們對班上其他同學做不丟本演出。在二年級結束時，可以讓孩子從漫畫習慣用的對話泡泡進展至集體劇本創作。這些劇本可以結構短小，根據孩子們所知的故事場景而作，也可以根據戲劇實作和角色扮演發展而來。在五年級結束時，孩子們應能運用劇本的格式來書寫，時機恰當的話，也可以選取以此形式書寫的故事片段來做呈現。您可以鼓勵孩子適時寫下角色該如何說話的舞台指示，如（悄悄地說）或（生氣地咆哮）這樣的句子。國定語文政策提供了如何發展孩子讀、寫劇本能力的詳細方針。

當運用其他課程領域（不管是個人社會教育或英語教育）的學習目標來輔助設計戲劇課程發展計畫時，重點在於戲劇與該領域間維持一種共生的關係。如同第四章指出的，沒有一方從屬於另一方；雙方應該同等地從這樣的聯結中受益。但還有一些戲劇的元素必須釐清，這些元素使戲劇與課程中的其他領域區別開來，也因此無法在其他範疇中予以說明。比方說，就孩子們理解和創作戲劇而言，與上述閱讀

2　譯註：指小紅帽與假扮成奶奶的大野狼之間的問答。

和寫作活動同等重要的是將文本實際搬演於舞台上——它是一個複雜的過程，已經進到語文習得之外的認知領域。因為在這過程中，戲劇不僅止於說、聽、讀劇本而已，它還包括了詮釋故事以及團隊合作。現在我們就來看看戲劇的特色。

製作、表演和回應

在前言中，我們強調戲劇是一種敘事性的藝術形式，它將真實的時間、空間、物件和人做了象徵性的運用，讓它們產生不同的意義。正如同其他所有的藝術一般，這些意義被塑成特定的形式以達成溝通的目的。英國藝術議會1992年的出版品《戲劇在學校》（*Drama in Schools*），將這個過程區分為三個學習領域：製作、表演和回應。這是英國學校最近可參酌的國定方針，而它的分類和用語對於有心思考戲劇課程發展的教育者而言，是一個有力的開端。然而，如果我們要運用它來規劃課程發展計畫，仍然需要一些實例，因為這些範疇並非總像乍看之下這般清楚可分。

大致而言，我們可以將「製作」定義為劇場製作或創作；「表演」為呈現這個創作；而「回應」則為積極觀賞的過程。這個模型適用於前一章討論過的戲劇表演，但在學校以參與和即興為主的戲劇形式中，三者之間的分際可能就不是這麼明確清楚。因為在第三章和第四章描述的全班性戲劇中，孩子們的製作和演出有時是同時發生的，而他們以戲劇中的參與者而非戲劇外的旁觀者來回應，可能也是最適當的。比方說，在薩克遜戲劇中，儀式的創作與儀式的演出可清楚區分，但孩子們在觀察儀式的同時，也以參與者的身份做出回應。稍後，當入戲扮演旅人的教師帶著維京人接近的消息到來時，孩子的適切反應是在角色中回應，而非在角色外思考這件事。像這樣界線模糊可能是這類適用於小學階段孩子之即興、參與式戲劇「體驗」經歷的特徵。然而，重要的是，當孩子們漸長時，應該有更多機會分別嘗試製作、表演和回應這三個領域，並且思考它們各自所涉及的歷程。

- **製作**鼓勵孩子去探索和表達戲劇形式的議題。
- **表演**在此之外多了戲劇技巧的考量。
- **回應**鼓勵孩子思考他們對一齣戲的想法和觀感，刺激他們思索和分析構成戲劇佳作的要素。

這些目標的確要求孩子們能獲得充分的時間和工具來從事創作，並在中、高年級時能獨立評斷他們作品的各個面向。然而，孩子們是否能從中受益並獲得進步，則大幅仰賴他們之前戲劇經驗的品質。

戲劇的學習目標

《戲劇在學校》以「**製作**」、「**表演**」和「**回應**」為題，列表說明每個關鍵學習階段結束時的能力指標，可作為戲劇課程發展計畫的參考。然而，它們過於狹隘地導向戲劇製作和表演，以至於它為二年級孩子所設定的目標未能涵蓋適合幼齡孩子的各種戲劇活動。這或許顯示出將製作、表演和回應予以區分無益於低年級的教師，並且需要更廣泛性的陳述。以下，我們提供了關於「關鍵學習階段說明」的另一套版本，我們希望它清楚、具挑戰性，能夠靈活地涵蓋戲劇課程的所有面向，同時認知到對低年級孩子們而言，戲劇的成就目標與個人、社會和道德教育的成就目標通常是相合的。我們主要參酌了 1989 年皇家督學處（HMI）出版的《從五到十六歲的戲劇》（*Drama from 5 to 16*）：

在二年級結束時，孩子應該能夠：

- 獨自以及和他人富創造力、專注地遊戲。
- 了解而且享受戲劇性遊戲和教室規範之間的不同。
- 認同扮演中的角色和行動，不管是在戲劇化的故事中或作為現場表演的觀眾時。
- 有自信與能力表達獨特的觀點。
- 明白每個人的看法並非總能達成一致。
- 學習如何透過團隊工作解決人際和實際的問題。
- 探索戲劇中單純兩難的是與非。
- 運用一些簡單的表演慣例，如：模擬、動作、靜止。
- 從劇情、角色、聲音和姿態，甚至是服裝、場景、燈光的運用，討論他們為何認為一齣表演是好的。
- 積極參與短小、全班性的表演計畫。

為關鍵學習階段二而設的學習目標或關鍵學習階段目標可能包含以下：

一、製作

在六年級結束時，孩子們應該能夠：

- 在特定情境下創作並發展角色。
- 協助班上創作戲劇，從實際、社會或道德的面向探索特定的議題。
- 設計戲劇的空間，並將身體和物品有意義地安置其中。
- 根據戲劇的目的編整素材，如將一段敘述清楚地呈現出來。
- 象徵地運用物品、材料、光和聲音。
- 編寫簡單的戲劇場景，適當地運用劇本格式、舞台指示等。

二、表演

在六年級結束時，孩子們應該能夠：

- 有效運用動作、聲音和姿態來傳達意義。
- 在角色或表演中維持住預期中的氛圍（如幽默）或情緒（如害怕或憤怒）。
- 根據表演的目的，詮釋適合的劇本。

三、回應

在六年級結束時，孩子們應該：

- 曾經討論過各種不同來源和文化的戲劇與表演，包括校園戲劇、劇場表演（包含教習劇場計畫）、電視和電影的戲劇。
- 能夠對作品所創作的角色、涉及的議題、經歷的過程和展現的技巧做批判性的觀察，鑑別出好的戲劇作品。

手段與實踐

除了這些目標之外，一個課程發展的架構需要表明：使孩子的戲劇工作漸趨複雜、控制、深刻、獨立等原則是如何付諸實踐的。根據以下三個方針，我們可以將孩子們在小學階段進步的例子組織起來：

1. 孩子應該對他們的戲劇作品擔負更多的責任。
2. 內容與形式的挑戰應該日趨複雜。
3. 隨著孩子們漸長，戲劇的學科取向以及孩子們在戲劇中的個人成就應該更加顯著。

然而，當試著將這些方針落實時，您需要考量以下數點：

- 高年級孩子所能負責和接受挑戰的程度取決於情境性的因素，包括他們個性與社會性的整體發展，他們之前的戲劇經驗，以及他們是否在其他課程領域中也能有這樣負責和接受挑戰的機會。
- 教師需要為整個小學階段提供戲劇教學的框架、焦點和方向。賦予孩子更多的責任會改變您的介入程度，卻不會削弱它。比方說，您仍然有責任確保任何公開表演工作的製作品質維持在一個高的水準。像「這是孩子們自己的作品」的說法，並不能作為老師免責的藉口。

- 到小學高年級時，戲劇的學科取向更為明顯，並不表示它在低年級時就不需要獨立的教學時段，也未暗示應該停止第四章述及的跨課程戲劇工作。它只是單純地表示，當孩子們的知識、技巧和理解力增長時，便需要更深刻探究的空間，以使他們既有的能力更上一層樓。然而，我們確實建議有戲劇專家在低年級任教的小學能更謹慎地考慮，如何讓這些專家為高年級的戲劇教學提供忠告或協助。
- 如同我們在第二章強調的，您必須規劃學習的成果，它應該是明確而且可以被評量的。

以下我們提供一些指引，示意您這三項方針實際會是什麼樣子。有的佐以範例，沒有的則請您回頭翻閱之前的章節。很明顯地，這張表並不詳盡，它的目的在告訴您關於課程發展的學校方針，並非提供您藍圖。

孩子應該有更多的機會為他們的戲劇作品負責

何時	二年級結束時	六年級結束時
教師引導戲劇	她將廣泛運用教師入戲來維持孩子的專注力，並引發他們的回響（如第三章的泰迪熊戲劇）	她將更節約地運用教師入戲，基於像是改變焦點（如第四章的薩克遜戲劇）或者挑戰觀點（如第二章的「好」獵人）等更多樣性的目的。她將積極地設計戲劇框架，但通常置身戲劇動作外（如第四章的特洛伊戲劇）

全班的角色扮演	孩子通常角色扮演同質性的團體，分享彼此相近的觀點（如泰迪熊戲劇的玩具；第三章在咖啡館戲劇中幫助老婦人的員工）；他們傾向仿傚並回應入戲中的教師	他們可以針對特定情境設想並建構角色，通常會出現衝突的觀點 他們能夠明確地將戲劇中的行為和真實的行為區分開來；他們在全班性的戲劇中更積極且更具個人特色
初次將故事演出來	教師控制流程，如運用「故事棒」；孩子應該樂意參與並耐心等待機會	孩子能以註記形式為故事編序。在一人擔任敘事者的情形下，他們能夠在小組中自發地演出故事
編整素材	教師能邀請孩子想想看戲劇中某件事為什麼發生，或思考接下來可能會發生什麼事	孩子們能就戲劇的某個危機時刻討論可能的結局，並決定接下來進行的方向（如薩克遜戲劇）；孩子可以決定小組設計的動作應該如何編整以利呈現

編寫腳本	教師可以用孩子們的話，為一段聲音拼貼寫下腳本（如白雪公主）；孩子可以在小組中集體寫作，運用不同顏色來標示不同的角色	在教師的監督和建議下，孩子們應為班上演出撰寫腳本片段。它們應是謹慎創作且再三修訂過的，而且應該包含詳細的舞台指示
根據腳本工作	孩子應該享受閱讀時段中的團體讀劇。他們可以做出相稱的動作並加上簡單的音效	孩子們能將文本提示的環境以肢體呈現，詮釋和傳達氛圍，並透過聲音和姿態來區辨不同的角色類型
運用空間	孩子們應敏於其他人的位置和編組。他們應能在規定的空間中進行小組工作，且不干擾到其他組的空間	教師可以要求學生規劃空間並將演員組織其內，以代表某個特定的空間，如巫師的房間
象徵地運用物品和材料	孩子們應積極回應教師所運用的物品，如：一頂帽子、一只泰迪熊	孩子們可以使用布料創造出他們自己的意象，如巫師之女的圈套

內容與形式的挑戰應該愈加複雜

何時	二年級結束時	六年級結束時
探索道德議題	孩子們應被鼓勵在角色內或角色之外表達對是與非的看法；孩子們應被賦予積極行善者的角色，如幫手、援救者	孩子們應該接觸無法斷然區分黑白是非的問題；孩子們可以在戲劇之內和戲劇之外檢視其他可能的作為
選擇戲劇的故事	教師應尋找有類型化角色（如英雄、惡棍、騙子）以及讓孩子有安全感的故事（如《傑克與豌豆》和《白雪公主》中邪不勝正）	教師可以選擇議題和角色都更為複雜以及顛覆傳統敘事結構的故事（如在《我帶妳去找寇兒太太》（*I'll Take You to Mrs. Cole*）中，邪惡的威脅看來虛幻；或如《巫師的女兒》（*The Enchanter's Daughter*）巧妙地反轉傳統童話故事的價值觀）
組織戲劇	教師廣泛地組織素材以採用或探索單線敘事結構	教師可以開始運用更複雜的敘事結構，如**倒敘**、**平行場景**
運用姿態	孩子們應能創造並維持靜像畫面以描繪某個行動的時點	孩子們能探索在相同的社交情境中，不同的姿態和肢體語言的變化如何使人際關係產生改變

動態工作	孩子們能就簡單的刺激自在且富表達力地動作；他們可以發展簡單的動作主題並能欣賞舞藝	孩子們能夠設計、琢磨、排練和表演更複雜、明確表達的動作主題
參與製作	所有的孩子們能夠喜愛在全體活動的安全感中成為演出的一分子	個別學生可以依自己的能力和興趣負責班級製作的某個工作部門，如編劇、歌唱、演戲、音樂伴奏、節目單設計、燈光等

隨著孩子們漸長，戲劇的學科取向以及孩子們在戲劇中的個人成就應該更加顯著

何時	二年級結束時	六年級結束時
設計一系列的課程	戲劇可能被整合至其他課程領域，僅有有限、不連貫的學習目標	戲劇與其他課程領域聯結，但有著更明確、周延的學習目標
評量	評量依據主要是跨課程的考量	評量標準多以戲劇為考量
成績報告	針對戲劇的評語可能被包括在其他課程領域中	倘若您任教的學校給予各個學科成績，學生的成績單上可包含戲劇的部分

如果您發現上述的框架對您有益，您可以將它調整以適用您任教學校的戲劇相關學習計畫。若要將它擴充，您可以另外加上針對小學一年級和小學四年級孩子的欄位，並包括更多可資例證的範疇。

英國資格與課程管理局[3]在1999年所出版的《關鍵學習階段一和二的說聽教學》（*Teaching Speaking and Listening at Key Stages 1 and 2*）在附錄中，提供了一個戲劇活動發展的框架。這個框架比我們在這裡所提供的更明確規定了活動和教學目標的內容，同時它有關戲劇課程的概念緊扣住英語科的國定課程和國定語文政策。然而，它仍隱約呼應製作、表演和回應這個戲劇架構，您極容易發現它提到的某些活動有助於補充本書提供的框架。英國資格與課程管理局的這份指南收錄在本書附錄三。

戲劇發展的評量、紀錄和報告

戲劇領域的發展不僅難以界定，也使得評量困難重重。戲劇的集體特質意味著孩子們在團體中而非個人創作作品；戲劇的即時性意味著，不像寫作或畫作，孩子們的戲劇創作本來就是短暫的，因此容易被身為教師的您遺忘。還有，在您的學校，可能有些老師希望將戲劇歸為免於評量，只重視戲劇所引發的愉悅感和動機。然而，本章一開始即說明了發展的議題、發展的評量以及發展的紀錄與報告三者之間

[3] 譯註：英國資格與課程管理局（The Qualifications and Curriculum Authority, QCA）為英國主導教育改革與課程研究之最高單位，隸屬於英國教育與技能部。

密不可分的事實。如果我們認可發展的必要性，那麼勢必得建立測量和報告發展的方法。

近幾年來，小學教師愈來愈熟悉評量、紀錄和報告的議題，其結果是多數學校現在已建立對相關策略和實施方式的共識。任何一種您為戲劇採用的評量、紀錄和報告的方法必然得：

- 符合您學校既有的慣例。
- 節省您的時間和體力。
- 與貴校重視戲劇的原因和方式相稱。
- 與戲劇在貴校課程中的定位相稱。

本章所提供的進程指南暗示著，假設戲劇教學的價值被認可也有發揮的空間，到了二年級結束時，孩子們的戲劇工作便足以在跨課程架構中進行評量和報告。在許多小學，戲劇教學可能持續貫穿關鍵學習階段二的所有學年。這些學校可能選擇運用像是英文科的架構來幫助安排孩子們在戲劇的進程，同時選擇在這些課程領域中評量、記錄和報告孩子們在戲劇進步的面向。另一方面，如果能有專家協助，或學校採用了這裡所提供的關鍵學習階段目標，便能更直接明確地就戲劇進行評量和報告，至少在高年級時。最後，要緊的是：

- 有一套獲得共識且完整的進程地圖。
- 教師清楚他們的教學目標是什麼。
- 這些目標可以因應特定團體的孩子而有所調整。
- 以有效而系統化的方式進行記錄和報告。

也許就好的評量、紀錄和報告而言，最困難的便是要求教師根據可見的成就給予評價。諸如「桑傑的自信增加了」這樣的評語沒有多大份量，除非佐以具體例證，如「他在我們的班會中欣然擔任敘事者的角色」或「他已經扮演一些高難度的角色，並且在我們的埃及戲劇中扮演法老自信地發言」。您可以從各種線索找到這類明顯的學習證據，一些在戲劇課堂中，另一些則來自其他課程領域的相關活動。以下提供一些可資參考的線索，並建議您如何從中發現和評量相關的資訊。

一、觀察或記錄到的孩子活動

如果您教低年級的孩子，可以請一位教學助理觀察孩子們在遊戲區的行為，記下您事先指定的遊戲行為。而不論您任教的是幾年級，教師可以對照課程計畫中特定的學習目標，在每次戲劇課時常態性地追蹤三或四位不同孩子，扼要記錄他們的表現。倘若發現任何一位孩子創作了特別突出的作品，也可以立刻記下。像這樣快速的評量可以對個別孩子做出評價，卻又不致讓您無法顧及全班或戲劇整體的表現。這些評語可以特別著眼於與創作戲劇有關的目標，因為孩子們的表演作品可以藉由攝影或拍照來進行評價。

二、音像紀錄

它們可能包括：

- 小規模班級呈現的紀錄。

- 某次學校演出製作過程的紀錄。
- 學校演出的紀錄。
- 戲劇課堂中小組創作聲音拼貼的聲音紀錄。

它們可以在孩子們自我評量時作為提示，也可以作為個別孩子在特定時刻表演戲劇的永久紀錄。

三、相片

相片也可以構成永久的紀錄，它們捕捉了個別孩子運用空間、姿態的靜像畫面；也可以將它們集結成班級的牆面展示。

四、角色之內或角色之外的寫作

孩子們的寫作特別有利於教師評量他們對戲劇內容的反應和理解。在一年級孩子可能是一或兩句的突現之作，在較高年級的孩子則可能包含各種形式的書寫——戲劇的場景或對話、對某個重大時刻的詳細描述、角色收到或所寫的一封信、角色某天的日記、故事寫作等。當然，如果這樣的寫作被規劃為孩子們語言課程整體的一部分，而非只是為了評量目的而設的額外活動，您將會輕鬆許多。

五、畫作和藝術作品

它們包含孩子們對某個戲劇地點或角色的想像性描繪，以及為了表演而精巧製作的面具、服裝或道具。

六、簡要的自我評量

適合較年長孩子於戲劇專案結束時進行。您可以誘導孩子們就特定的問題或標準進行自評，以利於您進行整體性的評估。

如果要讓小學戲劇的評量容易施行，它便不能過於複雜，而採用的方法必須最終讓您的成績報告更為易懂、具體和精確。沒有必要讓您的戲劇課勉強地受到評量的牽制，而不管孩子們個別的成就表現如何，也不應為了評量、紀錄和報告而損及他們從戲劇中所獲得的滿足感。最後，如果孩子們在一個學科中有所成就和進步，且明白他們如何與為何能有此表現，他們由此所獲得的工作幹勁會增強，而非削弱他們的滿足感。您的每日評量工作大致會依循這些原則——告知孩子們他們的作品好在哪裡，讓他們知道可以如何更上一層樓。當您已充分了解何謂在戲劇中更好的進程，您給孩子們的回饋只會為您和孩子們的教與學帶來益處。

本章參考文獻

Arts Council of Great Britain (1992) *Drama in Schools*. London: ACGB.

Citizenship Foundation (1994) *You, Me, Us: Social and Moral Responsibility for Primary Schools*. London: Citizenship Foundation.

Department for Education and Employment (1998) *The National Literacy Strategy: Framework for Teaching*. London: DfEE.

Department for Education and Employment (1999) *The National Curriculum: A Handbook for Teachers*. London: DfEE, QCA.

Her Majesty's Inspectorate (1989) *Drama from 5 to 16*. London: HMSO.

National Curriculum Council (1990) *The Arts 5-16: A Curriculum Framework*. Harlow: Oliver and Boyd.

QCA (1999a) *Early Learning Goals*. London: QCA, DfEE.

QCA (1999b) *Teaching Speaking and Listening in Key Stages 1 and 2*. London: QCA.

SCAA (1994) *Model Syllabuses for Religious Education*. London: SCAA.

附錄一

森林的孩子

《森林的孩子》由Richard Edwards撰寫，Peter Malone繪製插圖，並由倫敦 Orion Children's Books 所出版。

本故事的文本是經由出版社同意刊登的。

我們極力推薦教師們為您的班級購買此精美的圖畫書。

從前有一個小孩由森林中的動物撫養長大。狼教她跑步；熊教她尋找食物；河狸教她游泳。

她能夠靜悄悄地在森林中奔跑；她知道哪裡能找到蜂蜜以及最甜美的莓果；她能跟隨在河狸身後潛水。

有一天，有位獵人帶著一位男孩一同從村莊來到這座森林，男孩幫忙獵人帶著捕捉鳥獸的陷阱與圈套。「你留在這裡，一直到我回來之前，你都不許走動」，獵人對著男孩說。但過了不久，男孩就開始覺得站著不動很無聊。他開始在光線模糊的樹叢中走動，那就像是在綠色深海底下。就在森林空地的邊緣，這位來自村莊的男孩遇見了森林的孩子。她向後退，並像狼一般的嚎叫。男孩問她：「妳是誰？妳不要害怕。」但是女孩轉身跑進陰暗處。

接下來的每一天，男孩都跑回空地，希望能再次遇到森林的孩子。最終她不再害怕這男孩了，並且他們會一同走在森林神祕中心的蜿蜒小路上。有一天，那獵人外出檢查他所設的陷阱圈套時，看到這兩個孩子一同經過。他跟隨著孩子們到空地。等到男孩離開並回家後，獵人從剛剛藏身的地方衝出來，並捉住森林的孩子。「我捉住你了，小鬼！」他對她咆哮地說。接著，獵人帶她回到村莊。森林的孩子奮力反抗、使勁地咬、扭動並踢腿，但是獵人對她來說過於強壯有力，她無法掙脫。獵人將她關了起來。

獵人決定教導這個女孩適當的舉止。他給她一個喝茶的杯子，使用用餐的湯匙，但是她不知道它們是用來做什麼的。這女孩不會說話，於是獵人放了一張紙在桌上。「喂，寫下妳的名字，」他一面說一面給她一枝筆。那女孩看著這枝筆並且拿在手中翻轉，她不明白她應該要做什麼。「妳是怎麼回事？」獵人大喊。女孩眼裡閃爍著淚光。她想要回到森林。「寫下妳的名字！」女孩站起來，她把筆折成一段一段，把它們扔向獵人，墨水濺到了他的身上。「妳這個笨女孩！」他咆哮著，舉起他的手臂。就在這個時候，那位村莊男孩敲門。「不要對她吼叫！」他說。「她不懂。」「她最好趕快明白，」獵人說，「否則她就有麻煩了！你如果不管好你自己的事，你也會有麻煩。」獵人把門甩上。那男孩猶豫了一下，接著轉身走向森林。

森林裡的動物們想念著牠們養育過的女孩。牠們整天在茂密的樹林間往來尋找。牠們在地面上發現她的氣味，並且追蹤著一直到了森林的空地，在那裡，女孩的氣味和其他氣味混雜在一起。狼嚎叫著。

在村莊的外圍，動物們遇到回來找牠們的那男孩。「快！往這走！」動物們從窗戶跳進去。牠們在屋子裡四處追趕獵人，追到了漆黑的外頭，橫越了田野。狼在獵人的褲子上咬了一個洞，河貍絆倒他，熊則把他滾下山丘，掉進了一個泥坑的中央。獵人往下沉，直到消失不見。

一縷金色的陽光穿過林梢。女孩和村莊男孩靜靜地跑過森林。她教他如何找到蜂蜜以及最多汁的莓果。他們在河貍於河中建造的堤堰後面游泳與潛水。

在點點繁星下，女孩、男孩和動物們全都安然進入夢鄉。

附錄二

戲劇慣例選粹

下表包含了一些幫助您規劃戲劇活動的慣例或策略，它們大部分曾在本書各章中出現過。若您需要更進一步的範例和引導，請參見Jonothan Neelands所著之《建構戲劇》（*Structuring Drama Work*）[1]（請參見推薦書目）。

他我／腦海中的聲音 Alter-ego／voices in the head	讓學生思考角色在面對困境或抉擇時內在衝突的聲音。可以將學生分成若干組，同時探索一個以上角色的內在聲音。
圖像說明 Captions	搭配視覺呈現的口號、標題、獻詞……等。可以寫下，也可以伴隨圖像大聲朗誦。
集體角色 Collective role	由多個孩子同時扮演一個角色。每個孩子可以表現該角色性格的不同面向。

[1] 譯註：本書已有中譯本，請參見舒志義、李慧心譯（2005），《建構戲劇：戲劇教學策略70式》，台北：成長基金會。

良心巷 Conscience alley	全班分成兩列，中間的距離容許一個角色通過。讓角色穿過這條「巷子」，而班上其他人說出她的想法。她可能即將面對戲劇中的重大事件，也可能正面臨一項困難的抉擇。
倒敘 Flashback	電影中常見的手法。暫緩目前的戲劇動作或故事線，讓孩子從角色的過去找出一個能解釋角色現在行為或狀況的場景。
正式會議（入戲會議） Formal meeting （meeting in role）	全班入戲扮演一群聽取消息、進展報告或決議的集會者。教師入戲與否，視她是否需要影響會議進行的方向而定。
論壇劇場 Forum theatre	挑選若干學生演出某個場景。其他學生觀看，但演出者和觀看者都可以在任何時候中止戲劇動作，要求或引導場景的發展。
坐針氈 Hot-seating	某個人（教師或孩子）扮演角色，接受其他人的訊問。可以藉由坐在特定的位子（「針氈」）、穿上某件衣服，或拿某個物品來示意所扮演的角色。
專家的外衣 Mantle of the expert	學生扮演戲劇中具有專業知識或技術的角色。例如在第四章的「水庫」戲劇中，學生扮演的角色比教師扮演的角色更有見識。

地圖／圖表 Maps ／ diagrams	這些可以用來為戲劇的脈絡和背景提供額外的線索。讓孩子們集體繪製，使每個孩子都有機會影響最終的結局。
模擬 Mime	範圍很廣，可以從第三章戲劇中「像玩具一樣行進」到更細緻、象徵的動作和姿態。教師可以為動作加上旁白。
敘述 Narration	教師運用敘述來引出、串聯或總結戲劇動作。可以用以放慢、加強像是「動物們慢慢爬向獵人的小屋」的戲劇動作；或像「隔夜，動物們再次聚集」說明時間的流逝；或像「每一年，村民聚集歡慶豐收」來引出下一個段落。
竊聽對話 Overheard conversations	學生受邀「竊聽」某個影響戲劇發展也增加戲劇張力的對話內容──可能是整段對話，也可能僅是部分片段。
平行場景 Parallel scenes	兩個以上在現實中只可能發生在不同地方和／或不同時間的場景被並置演出。可以讓其中一個場景凍結而另一個場景進行，探索二者之間的關聯和緊張狀態。
儀式（或典禮） Ritual（or ceremony）	學生根據既有的知識和經驗，為戲劇中對角色意義重大的事件設計各種特別的活動。可以包含音樂、動作、舞蹈、談話、特別的食物等。

牆／地上的角色 Role on the wall ／ floor	角色以圖畫形式呈現。關於這個人物的資料可以隨著戲劇展開，而我們也對角色所知更多時加以補充。
短劇 Short play	最好非常簡短，但提供孩子同時運用許多戲劇元素（動作、對話、物品）來呈現完整故事線的機會，可能只有一到二次的場景變化。
聲音拼貼 Sound collage	通常由全體學生運用聲音、身體和／或樂器來製造音響，伴隨動作或創造氛圍。
靜像畫面 Still image ／ tableau	小組合作，運用身體創造出某一個時點的畫面。通常表現出人們在某個動作中間停了下來（如第四章的薩克遜戲劇），也可能代表某個更抽象的概念，像是特洛伊戲劇中的「勇敢」。
教師入戲 Teacher in role	教師扮演戲劇中的某個角色，藉此在戲劇中直接處理相關議題。如第四章探討過的，教師可以嘗試各種與團體之間有著不同權力關係的身分。
電話交談 Telephone conversations	兩人一組設計對話，探討訊息如何傳遞或新聞如何流出。教師也可以只說出電話這頭的內容，製造緊張氣氛，讓學生推論電話另一頭說了些什麼。
想法追蹤 Thought tracking	將某個角色內在的想法或反應公開說出，不管是經由角色本人或是戲劇中的其他參與者。可以用於戲劇動作凍結時或與靜像畫面併用。

附錄三

英國資格與課程管理局對小學一年級到六年級課程進度的指導方針

	戲劇活動	教學重心	延伸與補充
一年級	即興創作	延伸角色扮演	
第一學季	• 探究熟悉的主題與角色 • 對「教師入戲」有所回應以探究角色 • 在角色中回應以創造故事	• 分配不同的角色，包括教師與孩童 • 注意人們如何在不同的角色裡表現得不同	• 在娃娃家和角色扮演活動中，增加角色的變化性
第二學季	表演以及即興創作	運用戲偶	以大聲閱讀的方式
	• 為不同的觀眾，例如同儕、其他的班級，演出自己的和眾所皆知的故事 • 在虛構的場景中，以現實生活中的身分回應以創造故事	• 因應不同的角色，運用不同的說話和表演方式 • 製作一段表演並為其他人演出	• 運用不同的音色來代表角色

第三學季	對戲劇活動有所回應	討論為何某齣表演是好的	
	•就其他人的表演，例如參觀戲劇團體時，思考其動機以及相關問題 •藉著仔細琢磨自己的戲劇，考量角色、動機、故事發展	•思考該表演的劇情、角色、特別效果，以及觀眾參與	•在舞蹈、角色扮演、聽完報告與評語之後，進行評價
二 年 級	即興創作	從故事中發展情節與角色	
第一學季	•在小或大團體中扮演合適的角色 •使用文本、材料、工藝品、圖像，以及物品來引起動機 •設想與故事或戲劇不同的情節發展	•即興創作一個結局 •和作者的版本相對照	•在不同的科目中，運用即興創作作為回應以及詮釋的一種方式
第二學季	對戲劇活動做出回應	比較兩個簡短的錄影片段	
	•在一個現場或錄影的戲劇表演中，思考演出技術的各個面向 •思考其他創造調性以及氣氛的表演元素	•選擇字彙來形容服裝、布景、燈光等等 •識別氣氛	•關注各類型電視和錄影帶節目的演出

第三學季	表演	比較呈現研究的結果以及將故事戲劇化	
	• 向同儕展示傳統和自己故事的片段 • 對其他人展示課程中不同領域的活動	• 考量各種呈現的技術 • 考量因應不同目的的不同語言 • 考量聆聽者的興趣以及理解能力	• 呈現資訊以及故事戲劇化
三 年 級	寫作和戲劇表演	分組書寫以及表演一個戲劇腳本	
第一學季	• 對其他觀眾演出戲劇 • 為事件排序，發展劇情和角色	• 在寫下對話之前先安排角色以及事件 • 運用不同的方法來吸引預設觀眾	• 識別散文以及戲劇腳本的不同 • 考量對話、舞台指示、劇本體例
第二學季	即興創作和角色扮演	在說故事時	
	• 運用戲劇以探究文本中最重要的時刻 • 運用適合於既定情節的語言，在角色中回應 • 考量戲劇故事裡的起點、結束點以及重要時刻	• 識別轉折點以及運用靜像畫面或定格畫面以突顯並發展這些重要的時刻 • 運用語言發展角色	• 運用角色扮演來探究道德以及社會議題

第三學季	對戲劇做出回應	欣賞戲劇之後	
	•針對現場以及／或錄影表演的主題和角色 •鑑別以及討論他人戲劇表演的品質	•從對話、姿勢、動作、服裝，以及和他人的關係來獲得角色方面的資訊 •考量角色是如何被描寫的	•考量溝通中的非言語面向及其作用，例如，眼神接觸、動作、姿勢
四年級	即興創作和角色扮演	根據一些挑選出來的物品，例如信件、照片、衣服即興創作	
第一學季	•詮釋各種激發戲劇的素材 •探索事實文件所描述的情況 •知道如何以不同的觀點趨近不同情境中的角色	•即興創作一個場景，其中各個人物有著鮮明的性格，並對物品有不同的看法	•根據資料，運用即興創作來體驗並演出歷史時刻
第二學季	寫作和戲劇表演	從一本小說中發展即興創作以及編寫劇本	
	•根據即興創作發展劇本 •比較即興創作的表演以及劇本式戲劇	•依照劇本演出場景 •從演員的角度考量即興演出與按劇本演出的不同之處	•比較小說與故事中的對話、表演中的對話，以及日常生活中的對話
第三學季	對戲劇做出回應	觀賞不同團體對同一劇本的演出	

	•討論自己與他人作品中的溝通有效性 •比較不同的現場和／或錄製的演出 •接受其他人的回應以及反饋	•對演出的效果以及它們是如何達成的進行討論 •比較不同團體的著重點以及特長	•發展討論表演和做回饋時的語彙，例如，搶鏡頭的、具支配性的、寫實的、有說服力的
五年級	寫作和戲劇表演	從一部小說中發展以及即興創作一個場景	
第一學季	•從小說或詩文中發展場景以及事件 •以一部小說、詩文或其中的一節為起點，寫一齣劇／劇本並表演出來	•依照劇本演出場景 •與小說中原本的場景做比較	•考量如何組織以及展現劇本，包括布景的描寫以及舞台指示
第二學季	即興創作和角色扮演	以人們有強烈觀點的議題與事件（例如，維多利亞時代以及現代的童工議題）為基礎進行角色扮演	
	•探索在其他文化或歷史階段中不同的生活方式 •在角色中或角色外進行活動	•請孩童入戲以給予觀點 •由重要演員進行即興討論 •討論各方提出的論點以及誰有可能改觀點	•記下人們的觀點是如何被他們的舊經驗所影響

第三學季	對戲劇做出回應	運用演說和靜默將儀式演出來，如加冕典禮或婚禮	
	• 辨識出劇場的效果，例如聲音與寂靜、動作與靜止、節奏 • 描述並討論所見表演的風格和類型	• 考量動作、姿勢等如何將儀式的意義和影響傳達出來 • 默劇場景，集中焦點於如何在沒有語言的情形下傳遞意思	• 考量傳達情感的不同方式，像是幽默與哀傷
六 年 級	對戲劇做出回應	完整觀賞一齣經典作品的戲劇演出（現場的或是錄影帶）	
第一學季	• 考量一部現場或錄製演出的整體效果 • 回想並形容別人所運用的戲劇／劇場形式 • 討論表演的其他呈現方式	• 識別出傳達角色、概念以及建立張力的戲劇性方法 • 考量表演文本以及文字文本的不同	• 針對不同的觀眾，例如年幼的兒童，從經典文本中擷取場景進行改編
第二學季	即興創作和角色扮演	運用敘述者、合唱、不同的聲音和靜像畫面呈現詩文	
	• 大聲地表達詩文 • 探索涉及夢想、希望、擔心以及期望的主題	• 討論各種呈現方式與詩文的相應關係 • 考量呈現的有效性	• 當大聲閱讀、做報告和下指令時，運用不同的聲音技巧

第三學季	寫作和戲劇表演	為學校以外的觀眾，例如年幼孩童或老人，策劃一場表演	
	• 為目標觀眾策劃活動 • 根據觀點的反饋，改寫他們自己創造的表演劇本	• 考量如何針對特定觀眾調整呈現方式	• 閱讀戲劇、電視以及現場的娛樂活動之評論，並討論目標觀眾，識別出像是與主題、演員、特效相關的線索

推薦書目

適合帶領 4-7 歲幼童發展戲劇的十本優良讀物

◆Janet and Allan Ahlberg 著，《快樂郵差》（*The Jolly Postman*）[1]，Heinemann 出版。

郵差送信的過程和他所送信件的故事，都很適合作為發展戲劇的起點。

◆John Burningham 著，《喂！下車》（*Oi! Get Off Our Train*）[2]，Jonothan Cape 出版。

一個男孩夢見一輛火車載著他和世界上瀕臨絕種的動物，朝著安全的地方前進。可以藉由增加其他想搭上這列火車的動物來發展戲劇；同時，為了讓動物們可以談談所處的困境，可以決定牠們會看到哪些人。

◆Amy Ehrlich 著，《沃克圖書童話故事集》（*The Walker Book of Fairy Tales*），Walker Books 出版。

像這樣的傳統故事是很棒的戲劇素材來源。舉例來說，《小精靈與製鞋匠》（*The Elves and the Shoemaker*）的故事可以藉由思考小精靈們接下來會去哪裡——誰可能值得他們幫忙——引導孩子進一步發展、探索。

---

1 譯註：國內正傳出版社曾在 1994 年出版本書的系列作品《快樂郵差過聖誕》（*The Jolly Christmas Postman*）之中譯本。

2 譯註：參見遠流出版社 1998 年出版之中譯本。

◆Jane Hissey 著，《老泰迪熊》（*Old Bear*），Walker Books 出版。
一隻泰迪熊被放在閣樓而被遺忘了——另一個可以讓「玩具活過來」的好故事。

◆Shirly Hughes 著，《小狗狗》（*Dogger*），Bodley Head 出版。
一個深受低年級孩子喜愛的經典故事，敘述戴夫遺失了他心愛的小狗狗。這個故事提供了孩子許多機會，像是角色坐針氈、創造夏日市集以及幫助戴夫尋回小狗狗。

◆Margaret Mahy 著，《我的媽媽是海盜》（*The Man Whose Mother Was a Pirate*），Puffin Books 出版。
這是關於主角和他的媽媽逃離陸地生活，漂流海上的故事。戲劇可以集中在他們去了哪裡，發生了什麼事，以及他們可能用什麼方法說服主角的上司胐特先生（Mr. Fat）和他們一起逃亡。

◆Juliet and Charles Snape 著，《巨人》（*The Giant*），Walker Books 出版。
巨人是一座山，在她的上頭有一個村落賴以生存。巨人因為不喜歡村民對待她的方式，有一天晚上動身離開。戲劇可以探討相關的環境議題，以及村民們如何想辦法說服她回來。

◆Susan Varley 著，《獾的禮物》（*Badger's Parting Gifts*）[3]，Andersen Press 出版。
獾離開這個世界了，牠的朋友們用各種方法來懷念牠。孩子們可以扮演曾接受獾幫忙的動物角色，討論能用什麼方法來紀念牠。

[3] 譯註：參見遠流出版社 1997 年出版之中譯本。

◆ Martin Waddell 著，《當泰迪熊來時》（*When the Teddy Bears Came*），Walker Books 出版。

一個男孩的妹妹出生後，泰迪熊們來到他家。孩子們可以扮演泰迪熊的角色，討論男孩為什麼不開心——參見第三章的戲劇。

◆ Martin Waddell 著，《小貓頭鷹》（*Owl Babies*）[4]，Walker Books 出版。

三隻小貓頭鷹的媽媽離開牠們好一陣子了。孩子們可以扮演的角色包括了住在同一座森林裡的其他動物寶寶。戲劇也可以調查牠們的媽媽去了哪裡以及為什麼。

適合帶領 7-11 歲孩子發展戲劇的十本優良讀物

◆ Antonia Barber 著，《老鼠洞的大姊貓》（*The Mousehole Cat*）[5]，Walker Books 出版。

這是個流傳在英國康瓦爾半島的故事，敘述大姊貓（Mowzer）與老漁夫湯姆如何勇敢地面對暴風雨的來襲而拯救了整個村莊。本書提供了很多機會，讓孩子探索如何運用聲音、燈光和動作來重述這個故事。

◆ Barbara Juster Esbensen 著，《通往天空的梯子》（*Ladder to the Sky*），Little Brown 出版。

---

4 譯註：參見上誼出版社 1998 年出版之中譯本。

5 譯註：參見格林出版社 1999 年出版之中譯本。

這個故事敘述北美歐及布威印第安人（Ojibway）如何獲得了治療的能力。這僅是 Barara Esbensen 重述印第安傳說的其中一個例子——所有她的這類故事都為教室戲劇提供了極佳的素材。

◆Nigel Gray 著，《我帶妳去找寇兒太太》（*I'll Take You to Mrs. Cole*），Andersen Press 出版。
一本探討孩子在面對成人時恐懼與偏見的好書。

◆Madhur Jaffrey 著，《光彩四季：印度故事、神話與傳說》（*Seasons of Splendour: Tales, Myths and Legends of India*），Puffin Books 出版。
一本很棒的故事集，收錄了許多能提供戲劇極佳素材的故事。

◆Margaret Mahy 著，《有兩個影子的男孩》（*The Boy With Two Shadows*），Picture Lions 出版。
巫婆請男孩在她度假時幫忙照顧她的影子，可是她的影子很不守規矩，為男孩惹了很多麻煩。發展「所有影子可能都有獨立生命」的概念，為其他影子開啟了要求巫婆為她行為負責的可能性。

◆Rafe Martin 著，《像鹽巴一樣珍貴》（*Dear as Salt*），Scholastic 出版。
重述一個非常古老的故事，這個版本的灰姑娘故事為莎士比亞劇作《李爾王》的開場戲提供了靈感。一位國王測試三個女兒有多愛他，結果對老么的回答極為震怒。國王依心情決定三個女兒繼承權為戲劇提供了很好的開端——孩子們可以為每一位繼承人創作「活的塑像」（living carvings），表現它們如何隨著故事的發展而產生了改變和移轉。

◆Alice and Martin Provensen 著，《薛克巷》（*Shaker Lane*），Walker Books 出版。

這是個因為興建水壩而使一個農村產生永久性改變的故事。有許多機會探討社區建設所造成的衝擊，近似第四章描述的戲劇活動。

◆James Reeves 著，《英雄與怪獸：古希臘傳說》（*Heroes and Monsters: Legends of Ancient Greece*），Pan Books 出版。

本書即為第四章「圍攻特洛伊」的故事出處。書中故事生動優美，為說故事和／或戲劇活動提供了極佳的素材。

◆Martin Waddell 著，《回家》（*Coming Home*），Simon and Schuster 出版。

一個男孩與他的祖父從美國啟程去拜訪他的家鄉愛爾蘭。這是個關於時代、青春與記憶的故事。

◆David Wisniewski 著，《和雨神比賽打球的男孩》（*Rain Player*），Clarion Books 出版。

取材自馬雅的傳說，敘述一個男孩向雨神挑戰的故事。

十本關於帶領 4-11 歲孩子戲劇活動的好書

◆Davies, G.著，《小學戲劇實務》（*Practical Primary Drama*），Heinemann 1983 年出版。

儘管出版有些時日了，這本容易上手的書對有志戲劇教學者仍提供了極為有益的指南。

◆Fleming, M.著，《開始戲劇教學》（*Starting Drama Teaching*），David Fulton Publishers 1998年出版。

一本適合坐下來細嚼慢嚥的書。對戲劇教育專家而言，是本睿智、周延和不可或缺的讀物。

◆Kitson, N.與 Spiby, I.著，《給7-11歲孩子的戲劇》（*Drama 7-11*），Routledge 1997年出版。

這本書針對非戲劇專業的教師所寫，以三位不同教師的教學工作，為讀者提供了理論與實務的範例。

◆Morgan, N.與 Saxton, J.著，《戲劇教學：啟動多彩的心》（*Teaching Drama: A Mind of Many Wonders*）[6]，Hutchinson 1987年出版。

非常實用的戲劇教學忠告，並有清楚而周延的理論支撐。戲劇教育專家不可或缺的讀物。

◆Neelands, J.著，《建構戲劇的意義》（*Making Sense of Drama*），Heinemann 1984年出版。

儘管本書在英國國定課程頒布之前出版，但它涵蓋了非常有益和實用的指南，可用多種方式加以運用和改編。

◆Neelands, J.著，《建構戲劇：戲劇教學策略70式》（*Structuring Drama Work*）[7]，Cambridge 1991年出版。

雖然本書主要是針對中學教師而寫，書中述及的許多架構和慣例對

---

6 譯註：參見心理出版社1999年出版之中譯本。

7 譯註：參見成長出版社2005年出版之中譯本。

於小學階段尤其是高年級的戲劇教學而言也是非常實用的。您可能要因應孩子的需求調整、修改其中的一些概念。

◆Readman, G.與 Lamount, G.著，《戲劇：小學教師手冊》（*Drama——A Handbook for Primary Teachers*），BBC Education 1994 年出版。
為各年級的戲劇教學提供了極佳的理論知識和實務概念。它包含極實用的戲劇課程範例，而且以課堂教學可用的大字體印刷。

◆Somers, J.著，《課程中的戲劇》（*Drama in the Curriculum*），Cassell 1994 年出版。
為小學以及中學教師而寫的書，詳細檢視戲劇教學的各個面向。最後兩章的跨課程方案特別有意思。

◆Watts, I.著，《等一下：適合您在教室實施的十個短劇和活動》（*Just a Minute: Ten Short Plays and Activities for your Classroom*），Pembroke 1990 年出版。
為中年級戲劇教學提供了極佳的劇本來源。每一齣戲都伴隨著一系列的提示，幫助學生探討它作為表演文本的內涵。

◆Woolland, B.著，《小學階段的戲劇教學》（*The Teaching of Drama in the Primary School*），Longman 1993 年出版。
本書乍看之下頗為「厚重」，但它有一些非常實用的章節，像是其中一章針對低年級，另一章則探討如何從教室戲劇發展成表演。還有一個非常實用的段落是關於發展戲劇教育政策的。

國家圖書館出版品預行編目資料

開始玩戲劇 4-11 歲：兒童戲劇課程教師手冊
／Joe Winston, Miles Tandy 著；陳韻文，張鐙尹譯.
--初版.--臺北市：心理，2008.10
面； 公分.--（戲劇教育；8）
參考書目：面
譯自：Beginning drama 4-11
ISBN 978-986-191-195-3（平裝）

1.兒童戲劇 2.小學課程

523.47 97017525

戲劇教育 8 開始玩戲劇 4-11 歲：兒童戲劇課程教師手冊

作　　者：Joe Winston & Miles Tandy
譯　　者：陳韻文、張鐙尹
執行編輯：高碧嶸
總 編 輯：林敬堯
發 行 人：洪有義
出 版 者：心理出版社股份有限公司
社　　址：台北市和平東路一段 180 號 7 樓
總　　機：(02) 23671490　　傳　　真：(02) 23671457
郵　　撥：19293172　心理出版社股份有限公司
電子信箱：psychoco@ms15.hinet.net
網　　址：www.psy.com.tw
駐美代表：Lisa Wu　Tel：973 546-5845　Fax：973 546-7651
登 記 證：局版北市業字第 1372 號
電腦排版：臻圓打字印刷有限公司
印 刷 者：正恆實業有限公司
初版一刷：2008 年 10 月

定價：新台幣 220 元
ISBN 978-986-191-195-3